ちくま学芸文庫

英文読解術

安西徹雄

筑摩書房

【目次】

英文解釈の一歩むこうへ——はじめに　007

I
主張と説得　013

Urban Anonymity Cultivates Anxiety
　　　　　—— *Sydney J. Harris*　014
What Gun Control Can Do —— *Sydney J. Harris*　036
What Is Happiness in a Marriage—— *Sydney J. Harris*　052
Tax Revolters, Spare the Waste —— *Russell Baker*　070

II
語りと共感　097

Captain of His Ship —— *Bob Greene*　098
Retirement Dinner —— *Bob Greene*　122

III
諧謔と逆説 147

By Royal Command —— *Russell Baker*　148

Cigar-Smoke Science —— *Russell Baker*　176

あとがき　209

文庫版あとがき　212

事項索引　215

英文語句索引　218

英文読解術

URBAN ANONYMITY CULTIVATES ANXIETY
WHAT GUN CONTROL CAN DO
WHAT IS HAPPINESS IN A MARRIAGE
© 1975 by Sydney J. Harris
All rights reserved.
Published by special arrangement with Houghton Mifflin Company
through Tuttle-Mori Agency, Inc., Tokyo.

CAPTAIN OF HIS SHIP
RETIREMENT DINNER
© 1983 by Bob Greene
Arranged with Bob Greene c/o Janklow & Nesbit Associates, New York
through Japan UNI Agency, Inc., Tokyo.

英文解釈の一歩むこうへ——はじめに

　英語は苦手だとこぼす人は少なくない。けれどもそういう人々のいう意味は，会話が苦手だということである場合がほとんどなのではあるまいか。逆にいえば，英語を読むことなら，完全に満足とまではゆかなくても，実際の役に立つ程度なら，十分できると考えている人が多いのではないかと思う。しかし英語を読むことは，英語を話すことにくらべて，本当にそれほど簡単なことなのだろうか。

　母国語の場合であれば，答えはまことに単純だろう。ごく日常的な会話なら，3歳か4歳，遅くとも小学校に入る頃には，誰でも自由に話せる状態になっている。けれども読む能力となると，小学校を出る頃はおろか，義務教育が終っても，まだ十分とはとても言えない。高校を卒業しても，まだまだ完全とは言えないだろう。書くことほどではないにしても，およそものを正確に読む能力は，それ程むつかしいものなのだ。この事情は，英語を母国語とする人々の場合も，基本的にはやはり同じことである。

　もちろん，英語のような外国語を学ぶ時には，少なくとも日本の場合，事情は大いに違ってくる。英語を勉強しはじめるのは，普通は中学に入ってからだし，それに第一，まず読むことから習い始めるのが一般的だ。そして，いわゆるオーラル・メソッドが，昔にくらべればずいぶん普及

したはずの今日でも、読むことが英語教育の中心であるという情況は、中学・高校を通じて大して変ってはいないと思う。ましてや高校・大学の受験となれば、圧倒的に読解が中心になる。英語を学んできた人々が、こと読解に関しては多少の自信があると考えるのも、けだし当然というものかもしれない。

ただ問題は、これだけ叩き込まれたはずの読解の中身である。いうまでもなく、その中身とは、具体的にはいわゆる訳読、ないしは英文解釈だが、しかしはたして、学校でやる英文解釈の訓練が、本当に英文の内容を的確に読み取る力をつけてくれているのかどうか。

私自身の英語教師としての体験からお話しすると、学部はもちろん、大学院に入ってからさえ、英文解釈流の直訳はできるのに、ではその英文が、特に、ある程度まとまった長さになった場合、全体として意味するところは何なのか、著者はいったい、読者に何を伝え、何を訴えようとしているのか、その真意を、キチンと読み取れていない場合が実に多い。単なる英文解釈から、本当の意味での英文の読解に至るまでの一歩は、わずかな一歩と見えながら、実は非常に大きな一歩なのであって、踏み越えるべきその距離は、普通に考えられているよりも、はるかに大きな距離なのだ。そこで結局、大学院に入ってきた学生諸君にたいしても、どうやってこの一歩を踏み越えるか、そのための訓練を、改めてやり直さなくてはならないというのが実状である。しかし、振り返って、私自身が英語を勉強してきた経験を思い起こしてみると、この、英文解釈を越えてその一歩むこうへ抜け出るという訓練は、学校では一度も組

織的に受けたことがないという事実に思い当たって、いささか愕然とせざるをえないこともまた実状なのである。

本書の目ざすところも、実はまさしくこの、いかにして英文解釈の一歩むこうへ抜け出るか、その練習を試みることにほかならない。

話すことは、それ自体としては、本来それほどむつかしいことではない。要は慣れることであって、しゃべるのは苦手だという固定観念を捨て、無用の気おくれを捨てることさえできれば、問題は大半カタがつく程度のことだ。しかし文章を読み、その内容、そのメッセージを正しくつかむということは、実は母国語であっても、そう単純なことではない。ましてや外国語の、それもある程度まとまった長さの文章となれば、とても英文解釈流のやり方でカタがつくものではない。この、英語の読解訓練の最後の仕上げの段階を、アメリカの新聞・雑誌のコラムを材料にして、くわしい解説を加えながら、じっくり演習してみようとするのが本書である。

さて、もう少し具体的に、本書の構成、話の進め方について、最初に多少の説明を試みておきたい。

読解の練習のための**原文**は、今も触れたとおり、アメリカのコラムを材料にすることにした。どれもみな、多くの読者を念頭に置いた文章だけに、内容も表現も、現代の英文として、きわめて標準的なものである。このくらいの文章がきちんと読めるようになれば、英文の読解能力は、一応実際の役に立つレベルに達したと考えていいだろう。もうひとつ、今のわれわれの目的からして、見開き2ページ、

ないし4ページに収まる長さで，内容が完結しているという点もまた，読解訓練の材料として，コラムがまことに好都合なところである。

この原文に，本書ではまず**脚注**の形で，多少の注釈を加えておくことにした。主として語句についての注だが，例えば通勤の電車で読みたいという読者の方には，ラッシュにもまれながら辞書を引くなどというのは，とてもできない相談だろう。そんなことも考えて，簡単な辞書代わりにつけたまでで，必要を感じない読者は，もちろん飛ばしてくださって一向にさしつかえない。なお，注をつけた単語には，原文中に＊印をつけておいた。

そこで読者にお願いしたいのは，まず，ともかくこうして原文を，全体として読み通していただきたいということだ。その上で，本書では次に，原文をパラグラフごとに区切り，【**文意を読み解く**】というセクションに移る。英文解釈や英文法で，今まで習ってきたことの復習を踏まえながら，そこから一歩先へ進むための練習——例えば関係代名詞や無生物主語の構文などについて，もう一歩深く読みほどくための練習を試みるセクションである。

けれどもこうした練習と併行して，このセクションではまた，〈流れをつかむ〉とか〈感じをつかむ〉という項目を随所に設け，個々の文章の意味をつかむことからさらに進んで，エッセイ全体の流れ，構成，あるいは著者の語り口のニュアンスなど，もう一段高いレベルの問題にも目を配る工夫を加えた。

次に，改めてエッセイの全体を振り返り，その【**構成を分析する**】というセクションが来る。今まで字義に即し，

意味に即し，パラグラフに即して読み進めてきたことを踏まえて，もう一度エッセイを全体として思い返し，どのような構成を通じて，作者は何を語ろうとしていたのか，改めてまとめ直しておこうとするのである。

さて，各章の最後には，こうして今まで読み取ってきた英文の内容を，今度は日本語で表現してみればどうなるか——つまり，今まで英語で受信してきた内容を，今度は日本語として発信しなおす試みとして，**【全文を訳してみる】**というセクションを設けてみた。あるいは蛇足のように見えるかもしれないけれども，今まで受け手として読み取ってきたものを，今度は自分の言葉で改めて表現しなおしてみることによって，受信してきたものの意味するところが，本当に腑に落ちてわかるというのはよくあることだ。そういう意味から，あえて翻訳を付け加えてみたのである。できれば読者の方々も，それぞれに御自身の訳を試みてごらんになってはどうだろう。念のために付け加えておくと，だからこの訳は，けっして英文和訳ではない。できる限りは原文に即しながら，もっと自由な，あらたな再発信としての翻訳である。

前置きはこのくらいにして，では，いよいよ原文を読んでみることにしよう。

I
主張と説得

　第I部では,「主張」のタイプに属する文章を読んでみることにしよう。つまり著者がある見解を論理的に展開し,読者を説得しようとする論説調の文章である。論理が軸になっているから,文章の流れが比較的ストレートで,構成もきちんとよくまとまっているし,英文の内容を的確につかむ訓練の材料として,まず手をつけるには適当なタイプだと思う。

　著者の Sydney J. Harris は,すでに40年以上にわたって, *The Chicago Sun Times* に "Strictly Personal" というコラムを書き続けている人物だが,ウィットやユーモアを得意とするというよりは,むしろ,穏健な良識を率直に語るところに特徴がある。文章もまことに明快,平明だ。その意味でも,まず最初に取りあげるにはふさわしいと言えるだろう。

　ところで,読者にもう一度お願いしておきたいのは,必要に応じて脚注を参照しながら,ともかくまず原文を,独力で読み通していただきたいということだ。その上ではじめて次のセクションに進み,御自分で読み取ったところを私の解説でチェックするようにして下されば,読解の訓練はそれだけ効果的になるはずである。

Urban Anonymity* Cultivates* Anxiety

I suspect it is the anonymity of relationships in the city that makes life harder and more frustrating and more anxiety-producing than any other factor. For much of the time we don't know whom we are dealing with.

As a common example, my car needs its twenty-four-thousand-mile checkup.* The place I bought it from, across the street from my office, went out of business last year. The nearest dealer is a stranger to me, in another part of town.

The car is left there; an hour later, the phone rings. It is the service manager.* This and such* has to be done to the car, beyond the normal inspection servicing. The bill will be twice what I expected. Shall he go ahead with* the work?

Of course, I need the car and I haven't the time and energy to traipse around,* taking it elsewhere to check the reliability or honesty of the dealer. So I give him my OK, annoyed* that perhaps I'm being made a sucker of,* but not knowing what to do about it and half-ashamed that my suspicions may be unfounded.

Now, none of these anxieties is at work in the village I spend my summers in —— or in any other community where everyone knows everyone.

---

anonymity「無名性」 **cultivates** = promotes (the development of) **twenty-four-thousand-mile checkup**「24000マイル定期点検」 **service manager**「アフターサービスの主任」 **This and such** = Such and such **go ahead with** = begin **traipse around** = [tréips] (口語) wander idly around **annoyed** = being annoyed **being made a sucker of** = (俗語) being cheated **fixed** = repaired **rigged** = dishonest **busted** = broken「壊れた」 **replace**「取り換える」 **sock**

When I leave my car with Norm to be fixed,* I am sure he is going to give it proper attention and not charge me a penny more than he should; he would no more send me a rigged* bill than cut off his tire-changing arm.

Likewise, when I bring in a busted* TV to Bruce, I know equally well that he's not going to replace* tubes that are still operable or sock* me for an expensive part it didn't need. Apart from their native honesty and decency,* these men couldn't dare to operate a flagrant* rip-off* in such a tight, closed environment. Those who try it once don't get a second chance.

Size and density and complexity breed anonymity. And as our national population trends move relentlessly* toward larger urban complexes,* higher density, and greater complexity, more and more of us are forced to rely on strangers for our services and welfare. This provides them with an almost irresistible temptation to shaft* us and leaves us with a chronic* feeling of having been taken.*

Little sense of community is possible under such conditions; only mutual suspicion, accusation, and anxiety. The old-fashioned virtue called honor is possible only when people confront each other in their personhood* and are forced to look each other in the eye* for every long day of their lives.

―― Sydney J. Harris

(俗語)「(高い料金などを) ふっかける」 **decency** ここでは「良識」ほどの意味 **flagrant** [fléigrənt]「明らさまな」 **rip-off** < rip off (v.) = steal **relentlessly**「容赦なく」 **complexes** 建築物, 組織などの「複雑な構造体」 **shaft** = (俗語) treat unfairly, cheat **chronic** = habitual, constant **taken** = taken in, cheated **in their personhood**「それぞれ人格をもった個人として」 **look...in the eye**「相手の目をまっすぐに見る」, つまり「やましいことをしない」

【文意を読み解く】

> (1) I suspect it is the anonymity of relationships in the city that makes life harder and more frustrating and more anxiety-producing than any other factor. For much of the time we don't know whom we are dealing with.

I suspect まず冒頭の "I suspect" だが,単純に "I think",あるいは "I suppose," "I guess" と言い換えてもいい。口語では,こういう使い方もよくするが,しかし例えば,"I suspect him to be the murderer."「彼が殺人犯ではないかと思う」のように,「嫌疑を抱く」という使い方もある。そこで一般に "suspect" は,目的語に当たる事柄が,主語にとって必ずしも好ましくないことだ,というニュアンスのともなうことが多い。今の場合も,まず冒頭の "I suspect" だけで,that 以下に述べることにたいして,著者が否定的な考えをもっていることが予想できるわけだ。suspect の名詞形が suspicion,形容詞形が suspicious であることも参照。

it is the anonymity...that もちろん強調の構文。

the anonymity of relationships 直訳すれば,「人間関係の無名性」だが,言わんとする内容はつまり,「都会では人間関係が非人格的になり,正体がよくわからない相手とつき合わざるをえない」ということ。

makes life harder 今も言うとおり,強調の構文になっているが,これをほどいて普通の形に直せば,"the anonymity…makes life harder" となるはずだ。これを直訳すれば,「無名性が生活をきびしくする」となるが, これではもうひとつピンとこないかもしれない。実はこれは, **典型的な無生物主語の構文**だ。つまり主語が無生物で(抽象名詞であることが多い), 次に他動詞, そして目的語に人間, あるいは人間にかかわること(ここでは life)が来るという構文である。こういう型の文章を読み解くには, 次のように考えるといい。つまり, 主語を副詞句・節(原因や仮定を表わすケースが多い)に読み換え, 目的語の人間を新しい主語に置き換え, 他動詞を自動詞に読み換えるのである。すると今の文章は,「都会では人間関係が非人格的になっている<u>から</u>, 生活がきびしくなっている(生活しづらくなっている)」という内容だと理解できるはずだ。

whom we are dealing with「つき合っている相手が誰なのか(わからない)」。

〈流れをつかむ〉

冒頭のパラグラフでは, このエッセイ全体の主旨を, まず端的に要約して述べている。別の言い方をすれば, タイトルの "Urban Anonymity Cultivates Anxiety"「都会の無名性によって不安が生まれる」を受けて, その内容を, もう少しくわしく述べているとも言えるだろう。

---

(2) As a common example, my car needs its twenty-four-thousand-mile checkup. The place I bought it from, across the street from my office, went out of business last year. The nearest dealer is a stranger to me, in another part of town.

I 主張と説得 017

my car needs "needs"という現在形は,必ずしも,今現に著者の自動車が定期点検を「必要としている」という事実を述べているわけではない。次のパラグラフで,"The car *is* left." "the phone *rings*."とあるところからもわかるとおり,「身近な例」として,たとえばの話をしているにすぎない。

twenty-four-thousand-mile checkup アメリカでは日本のように,法律で決められた定期点検という制度はない。ただメーカーが,24,000マイル(約40,000キロ)ごとに,簡単な点検を受けることをすすめているだけである。

a stranger to me つまり,今まで車を買ったり,点検をしてもらったり,要するに,つき合いがない相手だというのである。

another another には,実は二つの意味がある。① one more (*Ex*. Please have *another* piece of cake.) ② different, some other (*Ex*. I'm in a hurry. I'll see you *another* time.) ここではもちろん②の意味。

〈流れをつかむ〉

冒頭のパラグラフの主旨を受けて,その主張を裏づける具体的な例を示す。論説文の一般的な展開の型である。

---

(3) The car is left there; an hour later, the phone rings. It is the service manager. This and such has to be done to the car, beyond the normal inspection servicing. The bill will be twice what I expected. Shall he go ahead with the work?

This and such　脚注では "Such and such" と言い換えておいたが, "This and such" とあるほうが,「あれやこれや, 雑多なことをいろいろ」というニュアンスが強い。販売店が口実をもうけて, 手を入れなければならない点が多いことを強調し, 手数料が高くなる口実をデッチあげている, という感じになる。

Shall he go ahead...　この文章, よく読んでみると, 完全な地の文ではないことに気がつくのではあるまいか。そもそも文章の最後に "?" がついているのがおかしい。これは実は, 相手が電話で話した言葉を, そのまま再現したのに近い形ではないか。もし相手の言葉をそのまま再現したとすれば, "Shall I go ahead...?"「仕事を始めましょうか (始めてもよろしいですか)？」となるはずだ。するとつまりこの文章は, 直接話法と間接話法の間をゆく形, 文法でいう「**描出話法**」(Represented Speech) ということになる。この手法によって, ただの地の文より, はるかに臨場感のある, いきいきした表現の効果が生まれる。もうひとつ, この観点から見なおすと, この前の二つの文章 ("This and such..." "The bill will be...") でも, すでにこの同じ手法が使われていたことに気がつく。

---

(4) Of course, I need the car and I haven't the time and energy to traipse around, taking it elsewhere to check the reliability or honesty of the dealer. So I give him my OK, annoyed that perhaps I'm being made a sucker of, but not knowing what to do about it and half-ashamed that my suspicions may be

> unfounded.

taking it and take it この例のように，後から分詞構文を付け加えた文章は，and でつないで理解すればいい。それから "it" は，もちろん "the car" を受ける。つまりこの句全体は，どこかよその店へ車を持ってゆく，の意味。

the reliability...of the dealer パラフレーズすれば，"whether the dealer is reliable or not"「はたしてその店が信頼できるかどうか」。つまりこの "of" は，実は次の名詞が，意味上，主語を表わしている（その店が）。もうひとつ，特に注意していただきたいのは，例えばこの "reliability" といった**名詞を**，ただそのまま名詞と理解するのではなく，今パラフレーズしたように，**文章の形に読みほどいて理解する**ということだ。一歩突っこんだ英文の読解では，非常に重要なポイントのひとつである。

annoyed 脚注では "being annoyed" と言い換えたが，さらにくわしくパラフレーズすれば，"while I am annoyed" ともできるだろう。OK とは言ったものの，同時に心配でもあるというのだ。

I'm being made a sucker of「だまされている」。能動態に直せば，"He is making a sucker of me." この表現については，make a fool of someone（= trick someone, make someone seem stupid）というイディオムを参照。"sucker" は「乳呑み子」の意味から，「だまされやすい人，カモ」。もうひとつ，"I'm being made" という**進行形**にも注意が必要。別に，今現にだまされつつあるという，文字どおり進行中であることを言っているのではない。進行形は，感

情的な強調を表わす場合がある。つまり，単に事実を客観的に述べるのではなく，もっと感情的にコミットした言い方なのである。

half-ashamed 事実無根（unfounded）であるかもしれないのに，つい相手に疑い（suspicions）を抱いてしまったことを，なかば恥ずかしい気もする，というのである。ちなみに "suspicions" が複数形になっているのはなぜか。本来なら不可算名詞のはずだが，英語では，例えば fears とか misgivings，あるいは hopes, expectations のように，**感情を表わす名詞は，複数形**を使うことが多い。

> (5) Now, none of these anxieties is at work in the village I spend my summers in —— or in any other community where everyone knows everyone.

anxieties この複数形については，たった今も説明したとおりで，別にだまされているとか，恥ずかしいとかいう感情を，具体的に数える意味で複数にしているわけではない。

at work operating「働く」。結局，I don't feel none of these anxieties. と読み換えてさしつかえない。

the village... つまり毎年，夏休みには田舎へ出かけているのだろう。

everyone knows everyone 「誰もが誰もを知っている」とは，誰もがおたがい顔見知りで，気心が知れているということ。

I 主張と説得 021

〈流れをつかむ〉

　さて,以上(2),(3),(4)の三つのパラグラフは,第(1)のパラグラフで提示した主旨を裏づけるために例証を挙げてきたわけだが,この第(5)のパラグラフからは,逆の例証を示すことになる。今までは,都会の無名性が不安を生む例を挙げてきたのにたいして,今度は逆に,みんなが顔見知りの小さなコミュニティーの場合,そんな不安なしに生活できることを例示してゆくのである。

　ちなみにこのエッセイでは,**パラグラフ**が非常に短い。この(5)など,わずか3行しかないが,このようにパラグラフをごく短く区切るのは,新聞記事の一般的な特徴である。テンポよく,気軽に読ませるための工夫で,普通の文章なら,(2)から(4)まで1パラグラフ,以下(5)から(7)まで1パラグラフにしてもいいところだろう。いずれにしても,一般に現代の文章は,時代と共にパラグラフが短くなってゆく傾向が強い。

---

(6)　When I leave my car with Norm to be fixed, I am sure he is going to give it proper attention and not charge me a penny more than he should; he would no more send me a rigged bill than cut off his tire-changing arm.

Norm　もちろん人名(男性名)で,Norman の略。それにしても,なぜここでいきなり人名が出てくるのか。もちろん,都会の無名性とは対照的に,小さな村の共同体では,誰でもおたがい,ファースト・ネームで呼びあう間柄であ

ること，そのいわば有名性を具体的に示すためである。そういえば先程の車の販売店の場合は，ただ "dealer" とか "service manager" とあるだけで，固有名詞が挙げてなかったことが思いあわされる。

not...a penny　"a" が否定と結びつくと，"not even a single" の意味であることが多い。「1ペニーだって」。ただしこれは，あくまで慣用句としての表現で，実際は，アメリカの最小の貨幣単位は，もちろん cent。ちなみに日本語では，単数の場合でも「1ペンス」ということが多いが，厳密にいえば pence は penny の複数形（ただし，個々のコインを数える時は，例えば two pennies「1ペニーのコイン2枚」のように言う）。

he would　"would" はもちろん仮定法。ノームにさえ頼んでおけば，そんなことはするはずがない，の意。

no more...than　タイヤを取り換える手を自分で切り落としたりするはずがないのと同様，不当な請求書など送ってよこすはずはない，ということ。

---

(7)　Likewise, when I bring in a busted TV to Bruce, I know equally well that he's not going to replace tubes that are still operable or sock me for an expensive part it didn't need. Apart from their native honesty and decency, these men couldn't dare to operate a flagrant rip-off in such a tight, closed environment. Those who try it once don't get a second chance.

Likewise　接尾語の -wise は,「方法,方向」を表わす。cf. otherwise「別な方法で」; clockwise「時計回りに」; crosswise「十字架状に」。-ways も同じような使い方をする。cf. sideways「横向きに」; frontways「前に」。

Bruce　これも男性名。先程の "Norm" を参照。

tubes that are still operable　注目したいのは,この関係代名詞 "that" である。関係代名詞の意味を的確に把握するには,**接続詞を補ってみる**ことが有効な場合が少なくない。この例なら, "tubes, *although* they are still operable" と読み解くのである。つまり,「まだ壊れてもいないのに,部品を取り換える」と考えれば,内容がピタリと理解できるのではないだろうか。次の "an expensive part〔*which*〕it didn't need" の所も同様で, "an expensive part, *although* it〔= the TV〕didn't need it〔= the part〕" と読み解く。「取り換える必要などなかったのに,高い部品を売りつける」のだ。

native　「生まれながらの;生来の」。ちなみに nativity「誕生」はもちろん, nation, nature などもみな語源は同じで,ラテン語の natus「生来の」から来ている (元の動詞は nasci「生まれる」)。

couldn't dare　すぐ前のパラグラフに出た "would" と同様,仮定法で,「かりにそんな気がふと心に浮かんだとしても」,という仮定に立っていると考えていいだろう。

operate　まるで複雑な機械の操作,あるいは軍事上の作戦でも連想するような動詞をあえて選んでいるのは,「小利巧な細工を弄する」といったニュアンスを表わしたいからだろう。

a tight, closed environment 「緊密で閉ざされた情況」とは, もちろん, どこの誰ともわからぬ者が, 始終出たり入ったりしている大都会などではなく, 緊密な連帯感に結ばれた共同体をいう。

Those who try it once この**関係代名詞**にも, 先程と同じ手法を応用できる。"If they try it once, they…"「<u>もし</u>そんなゴマカシを一度でもやろうとすれば」。

---

(8) Size and density and complexity breed anonymity. And as our national population trends move relentlessly toward larger urban complexes, higher density, and greater complexity, more and more of us are forced to rely on strangers for our services and welfare. This provides them with an almost irresistible temptation to shaft us and leaves us with a chronic feeling of having been taken.

Size and density…anonymity これも, この章の最初に述べた**無生物主語の構文**である。あの時に説明した読み解きの手法を応用すると, 結局,「共同体が巨大化し, 人口が高密度となり, 社会が複雑になってくると, 無名性が生まれる (人々の生活は非人格的になる)」という意味内容だと理解できるはずだ。

as… 時間の経過を表わす接続詞としての用法。「……につれて」。

national population trends 「国全体の人口動向」。ここまでが主語。次の "move" が動詞。

I 主張と説得 025

larger urban complexes 「ますます巨大化し，複雑化する都市型の社会組織」というほどの意味。

for our services and welfare 「人からさまざまなサーヴィスを受け，快適に暮らしてゆくためには」。名詞は内容的に，能動的な意味を表わす場合と，受動的な意味を表わす場合がある。"our services" は，「われわれが人にサーヴィスする」のではなく，「人にサーヴィスされる，してもらう」という受身の意味であることは，前後関係をよく読めばわかるだろう。逆に "welfare" は「われわれが快適に暮らすこと」という能動的な意味あいだ。結局これも，(4)のパラグラフで "reliability" について説明したこと——つまり，**名詞をただ名詞として読むのではなく，言外の主語や目的語を想定し，文章の形に読みほどいて理解する**という，名詞読解の大原則の応用，展開である。

This provides them これも**無生物主語の構文**。"This" は前文の内容を指しているが，"them" は何を指しているか。もちろん "strangers" だ。**代名詞が何を受けているかをキチンと押さえること**も，よく言われることだが，英文読解の重要ポイントのひとつである。

leaves us 主語は前行の "This"。これまた典型的な無生物主語の構文。

chronic 脚注では habitual, constant とパラフレーズしたが，「長期にわたる，反復して起こる，慢性的な」の意味。語源はギリシア語の khronos で，chronicle「年代記」，chronology「年代」などと同根。

having been taken 完了形になっている点に注意すべきかもしれない。つまり，後になってから，「ああ，騙され

てしまった」という思いにかられるのである。
〈流れをつかむ〉

さて、(2)から(7)までのパラグラフは、いわば中間部の例証に当たる部分だったが、この(8)、それに次の最後のパラグラフの二つは、いよいよ結論の部分にあたる。ただし、単なるまとめではない。新しい要素も入っている。冒頭には、単に「無名性によって都市では暮らしにくくなっている」とあっただけだが、この(8)のパラグラフでは、この無名性がなぜ生まれるのかまで説き及んでいるからである。その意味では、この(8)のパラグラフは、全体の結論というより、例示の部分にたいする結論というべきかもしれない。本当に全体を締めくくるのは、次の(9)、最後のパラグラフだろう。

> (9) Little sense of community is possible under such conditions; only mutual suspicion, accusation, and anxiety. The old-fashioned virtue called honor is possible only when people confront each other in their personhood and are forced to look each other in the eye for every long day of their lives.

Little 今さら指摘するまでもないだろうが、A がないことに注意。否定の意味あいである。

The old-fashioned virtue 「旧式の、時代遅れした美徳」と、一見否定的な言葉遣いをしているが、もちろん反語で、著者がこの「旧式の美徳」を尊んでいることは、このエッセイ全体を読んできた者には、すでに明らかだろう。

every long day この "long" のニュアンスはなかなかむつかしいが,次のような例が参考になるだろう。"We had to walk a *long* mile."「たっぷり1マイル歩かなくてはならなかった」。同時に,都会のセカセカした生活ではなく,ゆったりと一日一日が過ぎてゆく村の生活ぶりも,それとなく暗示しているかもしれない。

【構成を分析する】

さて,今まではパラグラフごとに,ややくわしく語句を吟味しながら全文を読み通してきたが,最後にもう一度エッセイ全体を振り返って,改めてその構成を分析し,結局のところ著者は何を主張し,何を訴えようとしているのか,つまり著者のメッセージは何なのか,きちんと押さえておくことにしよう。

すでに途中でも,節目ごとに〈流れをつかむ〉という欄を設け,簡単に触れてきたとおり,このエッセイは三つのセクションに分かれる。提示,例証,結論という三つの段階だ。

まず冒頭のパラグラフでは,著者が言わんとする主旨が簡潔,端的に提示される。つまり現代の大都会では人間関係が無名化,非人格化しているために,さまざまの欲求不満や不安が生まれているというのだ。

次に第(2)のパラグラフ以下,この主張を裏づけるために,いくつか典型的な事例が列挙される。第(2)パラグラフの最初に,"As a common *example*" とあるのがその標識の役を果たしている。そして車の点検という,まさしく「身近な例」が,自分自身の個人的,具体的な経験を語る

形で、三つのパラグラフにわたって続いている。

ところが第(5)のパラグラフまできて、ひとつの方向転換が現われる。"Now" という、パラグラフ冒頭の１語がその標識だ。いうまでもなく、多少とも話題を転ずることを表わす言葉である。そして実際このパラグラフには、"in the village" とか "community where everyone knows everyone" とか、今まで述べてきたこととは対照的な内容を示す表現が出てくる。これはまさに、冒頭に出た "the anonymity of relationships in the city" に対応して、正確にその逆の情況を表わす言葉だ。

とはいえ、話の方向がまったく逆転しているというのではない。というのも、すぐ次の第(6)パラグラフで出てくる話題は、今までの例証と同様、やはり車の修理・点検の話だからだ。全体の構成という点からいえば、これもやはり第２部の、例証の段階の続きなのである。つまり第２部の中に、さらに二つの部分があり、前半は都市の例、後半はその対極をなすものとして、田舎の小さな共同体の例が示されるわけである。

次の第(7)パラグラフも、この共同体の例証の続きである。"Likewise" という冒頭の１語から、そのことは明らかに読み取れるだろう。そして今度は、テレビの修理の例を挙げると同時に、こうした小さな共同体では、大都会とは違って、なぜ人を欺すなどということが起こらないのか、その理由にまで説き及んでいる。

さて、(8)と(9)の２つのパラグラフは、すでに触れたとおり結論のセクションに当たるが、しかし、それにしても、ここから結論の部分に入るという標識みたいなものは、何

I 主張と説得

かあるのだろうか。もうそろそろ結尾が近く，このあたりで結論に入りそうだということは別として，一見したところでは，今まで見てきた "As a common example" とか "Now," "Likewise" のように，いやでも目につく種類の標識はない。だがよく読んでみると，目印になるものが，まったくないわけではない。

ごく一般的に言えば（あくまで一般的にであって，常にではけっしてないが），結論の部分は，あくまで具体的であった例証の語り方とは対照的に，なんらかの意味で概括的，抽象的な表現に変る場合が多い。この第(8)パラグラフ冒頭の，"Size and density and complexity breed anonymity." という文章など，この意味で典型的である。

もうひとつ，結論部分の一般的な傾向として，なんらかの新しい視点，より大きな視野が導入されるという現象がしばしば見られる。今の場合で言えば，冒頭の提示から例証を通じて，「大都市の無名性が不満・不安を生む」ということは繰り返し出てきたけれども，それなら，その無名性そのものはなぜ生まれるかということは，一度も触れてはいなかった。ところが，このパラグラフになってはじめて，この無名性の原因が述べられるし，さらにはまた，アメリカ社会全体の人口動態，都市への集中という，新しい視点が導入され，次のいよいよ最後のパラグラフの，厳密な意味での結論を引き出すために，論理の展開上，いわばジャンピング・ボードの役割を果たしているのだ。

この意味からすれば，このエッセイ全体の構造は，提示―例証―結論の三段階というよりは，むしろ起―承―転―結の四段階をなしていると見ることもできるかもしれない。

つまり，パラグラフの番号で言えば，(1)起，(2)〜(7)承，(8)転，(9)結という四つの段階である。いずれにしても，一般に結論部分が，単なる「まとめ」などではないことはもちろんとして，その中がまた二つの部分に分かれ，その前半では新しい視点，よりひろい視野の導入という手法がしばしば用いられることだけは，論説文の構成を分析する際，頭に入れておいていい原則だと言えるだろう。

そして，いよいよ最後のパラグラフだ。だがよく見ると，これも実は，その中で，二つの部分に分かれていることに気がつくのではあるまいか。前半の2行は，今まで語ってきた内容すべてを圧縮し，要約したものである。だが後半の3行，最後の最後になって，わずかにではあるが，新しい視点が現われる。今まで "honesty" や "decency" という言葉は出てきたけれども，ここではじめて "honor" という，「古くさい美徳」の観念が出てくる。同時に，今まではもっぱら "anonymity" について論じてきたのにたいして，ここではじめて，"personhood" という新しい観念が，それも，やや見慣れない（したがって読者の目を引かざるをえない）言葉によって持ち出されてくる（*Random House Dictionary* によれば，この言葉の初出は1959年で，まだ比較的新しい単語である）。

つまり著者は，本当はこのことが言いたかったのだ。単に大都市の無名性や，それが生み出す不満や不安といった否定的な現象を指摘するだけではない。ひるがえって，村の小さな共同体の生活ぶりと対比した上で，たとえ巨大化し，複雑化した大都会の真ん中であっても，名誉を重んじ（言い換えるなら，一人一人が自分の「名」を重んじ），人格を

もった個人として相手と交わる努力をしなくては，人間らしい生活は取りもどすことができないという積極的なメッセージこそ，このエッセイ全体を通じて著者が訴えたかったことだったのである。

　最後に，いささか蛇足めくけれども，このエッセイ全体の構成を図式的にまとめておこう。

Ⅰ	提示	都会では人間関係が無名化しているために，さまざまの不満や不安が生まれる。
Ⅱ	例証	
	(1) 都会の自動車修理	都会では，よく知らない業者に頼むしかないので，欺されているのではないかと不安になる。
	(2) 村の場合	
	(a)自動車	相手をよく知っているから，心配はない。
	(b)テレビ	小さな共同体では，欺すことは自分で自分の首をしめることになる。
Ⅲ	結論	
	(1) 新しい視点の導入	人口が都市に集中し，都市が巨大化，複雑化するにつれて，無名性が高まり，人間的信頼が失われてゆく。
	(2) メッセージ	たとえ時代遅れのように見えても，名誉と人格を重んじた人間関係を築いてゆかなければならない。

【全文を訳してみる】

「大都会の無名性」

　思うに，都市が住みづらく，フラストレーションや不安につきまとわれる最大の要因は，人間関係が無名化し，非人格化していることではないだろうか。というのも，都会ではほとんどの場合，相手が何者であるかよくわからないまま，人と付き合わざるをえないからである。

　身近な例を挙げよう。車の 24,000 マイル点検をしなくてはならないとする。最初に買った店は私のオフィスのすぐ向かいだが，去年廃業してしまった。いちばん近い取次店は付き合いがなく，同じ市内とはいいながら，うちとは逆の方面だ。

　ともかくその店に車を預けてくる。1 時間ほどして電話が鳴る。アフター・サービスの主任からだ。あのお車，普通の点検サービスのほかに，あれやこれや手を入れなくてはなりません。費用は，ご予定の 2 倍ほどになりますが，仕事を進めてもよろしいでしょうか。

　もちろん，車なしではいられないし，わざわざ時間とエネルギーをかけてあちこち歩き回り，ほかの店に持っていって，はたしてこの取次店が信用できるかどうか，嘘など言っていないかどうか，調べてみる余裕など私にはない。それで結構，進めてくれと答えるほかはないのだが，カモにされているのではないかという懸念もぬぐいきれず，かといって，どうにも手の施しようがないことは明らかだし，そんな疑念は単なる疑心暗鬼ではないかという気もして，いささか恥ずかしくなったりもする。

　ところが，私が毎年夏を過ごす村では，そんな不安を感

じることはまったくない。いや、この村に限らず、誰もがおたがい顔見知りで、気心の知れている共同体なら、どこでも同じことだろう。

例えばノーマンの所に車を預けて修理を頼めば、十分気を入れて調べてくれ、必要以上の金など、ビタ一文だって請求される心配はない。ゴマカシの請求などするくらいなら、いっそ、タイヤを取り換える自分の手でも切り落としてしまうだろう。

壊れたテレビを、ブルースの店に持ちこんでも同じことだ。まだ使える部品を取り換えたり、必要もないのに高い部品を取りつけて、法外な値段をふっかけることなどするはずがない。生まれながらに正直な、慎みをわきまえた人々であることはもちろんとして、これほど人間関係が密接で、人の出入りの少ない所では、明らかさまに詐欺まがいの暴利をむさぼることなど、やろうにもやれないのである。もしそんな真似を一度でも試みれば、二度と商売ができなくなるに決まっている。

都市が巨大化し、人口が集中し、複雑になってくると、無名性が生じてくる。しかも国全体の人口の動きは、ますます巨大化する都市型の社会組織に容赦なく向かっているから、さまざまのサービスを受け、快適に暮らしてゆくには、見知らぬ他人に頼る必要はますます大きくなっている。こういう情況であってみれば、サービスを与える側では、お客を騙そうという誘惑は、ほとんど抵抗できないほど強くなってくるし、一方われわれの側では、騙されたのではないかという疑念に、たえず悩まされることになってしまう。

こんな情況では，共同体意識などほとんど成り立ちようがない。あるのはただ，おたがい同士にたいする疑惑の念と，非難と，不安だけである。「名誉」などという美徳は，今では時代遅れのように思われるかもしれないけれども，この美徳が成り立つためには，おたがいが人格をそなえた個人としてまともに向きあい，長い生涯の一日一日，かりにもやましいことなど試みることのないよう努力するしかあるまい。

What Gun Control Can Do

People who don't live in big cities find it* hard to understand the need for gun control. I was in Montana* last month giving a talk, and during the question period* many in the audience were resentful* that I have come out for* stricter gun laws.

"No laws will stop criminals from getting hold of* guns," they keep repeating —— and, of course, they are right. Criminals will always get guns, just as addicts* will always get narcotics* and prostitutes* will always get customers.

What they fail to recognize, however —— since* they live in areas where guns are used largely* for killing animals, not people —— is that most violence in the city is not committed by criminals. The professional criminals, in fact, shoot only one another; and even the small-time crook* is not statistically* a great menace* with firearms.

I returned from Montana on a Saturday and picked up that night's paper in Chicago. Five separate shootings had been reported —— three of them ending in deaths, including one "innocent* bystander" to a quarrel. In none of these five separate shootings was a criminal involved.

One youth peppered* a police car as he rode past* on a bicycle. Two men fought in a tavern*; one left, returned

---

it 形式目的語。次の "to understand" を指す。 **Montana** アメリカ西北部の州。大半はロッキー山脈の山地。 **question period**「質疑応答の時間」 **resentful** = angry, indignant **come out for**「賛成の意を表する」 **getting hold of**「手に入れる」 **addicts**「麻薬常用者」 **narcotics**「麻薬」 **prostitutes**「娼婦」 **since** = because **largely** = mainly **small-time crook**「ケチなコソ泥」 **statistically**「統計的に見て」 **menace** [ménəs]「脅威」 **innocent**「何のかかわりもない」 **peppered**（コショウでも振りかけるように）「弾丸を浴びせた」

with a gun and killed his antagonist* and a stranger at the bar. A 17-year-old girl was shot in the face as she sat on her front porch. An altercation* between a tenant and his landlord* left the landlord in undisputed possession of his property.* He shot the tenant through the head.

This is the pattern of gun killings in the big cities. Most homicides* are not professional jobs, but are committed by relatives, friends or neighbors, in the home or nearby. They are sparked by liquor, by lust,* by jealousy, or greed,* or a burning sense of injustice. And most are committed by people with no previous record* of violence.

It is these who will be restrained by stricter gun laws, who will find it* much harder to go home, pick up a gun and shoot an adversary.* The liquor will pass, the lust will die, reflection will replace passion if the instrument of death is not so readily* available.*

No one suggests that tougher gun control will reduce organized crime,* or will inhibit the crooks. But the majority of fatal* shootings in a metropolis are more emotional than criminal in intent, more impulsive than premeditated.* And if the gun isn't there, the impulse to shoot cannot be so hastily gratified.*

—— Sydney J. Harris

---

rode past「走り過ぎた」 **tavern**「居酒屋」 **antagonist**「相手, 敵手」 **altercation** = quarrel **landlord**「家主」 **left...his property** つまり, 口論のあげく, 自分の所有権を有無を言わさず認めさせた, の意味。 **homicides**「殺人事件」 **lust**「欲情」 **greed**「物欲」 **previous record**「前歴」 **find it** 冒頭の "find it hard" 参照。 **adversary** = opponent **readily** = easily **available**「手に入る」 **organized crime**「組織犯罪」 **fatal**「致命的な」 **premeditated**「計画的な」 **gratified** = satisfied

引きつづき，ハリスのコラムを読んでみよう。今度もやはり，著者の主張を述べる論説文のタイプだが，論旨の展開の仕方はやや趣きを異にしている。単純明快な提示－例証－結論という三段階の構成ではなく，もう少し複雑な，多少は屈折のある話の進め方になっているのだ。この点に注意しながら，ともかく，まずパラグラフを追って読み進めてみる。

【文意を読み解く】

> (1) People who don't live in big cities find it hard to understand the need for gun control. I was in Montana last month giving a talk, and during the question period many in the audience were resentful that I have come out for stricter gun laws.

People who don't... 前回も何度か練習した**関係代名詞**の問題が，今度もいきなり出てきた。**接続詞を補って読む**という工夫を応用すれば，次のように読み解くことができるはずだ。"People, *if they* don't live in big cities..."

the need for gun control これも前回やった，疑問詞を導入して**名詞を文章に読みほどくという工夫**（cf. p. 20）が生かせる。→ "why gun control is needed"

...giving a talk これもまた前回説明した，後から分詞構文を付け足した形である。→ "and gave a talk"

were resentful that... 形容詞には，このように，事実上の**目的語として that 節を従える**ものがある。*Ex.* I'm sure that he is innocent. / They were ignorant that the town had been destroyed.

come out for "come out" は「意見を明らかに述べる」。"for" は「賛成である」の意味。だから「反対意見を明らかにする」なら "come out against" になる。*Ex.* The American government came out against the new proposal.

stricter もちろん比較級だが，**比較級が出てきた時は，表面上は than 以下が示されていなくても，言外に何と比較して言っているのか，きちんと押さえておくことが大事**である。この場合なら「現在よりきびしい」ということだろう。

〈流れをつかむ〉

　今度の文章では，前回と違って，全体の主旨を冒頭にまず提示しているようには見えない。むしろ，先月モンタナに出かけて講演をしたという個人的な経験を，一見，単なる話の枕として持ち出しているようにしか思えない。もちろん，実はこの中に，著者の主張はさりげなく込められているのだが，前回のように正面切って提示するのではなく，もう少し手のこんだ，やわらかい語り出しの仕方を取っている。とりあえずそのことに注意しておいて，先へ読み進んでみることにしよう。

(2) "No laws will stop criminals from getting hold of guns," they keep repeating——and, of course, they are right. Criminals will always get guns, just as addicts will always get narcotics and prostitutes

> will always get customers.

No laws will stop criminals　これも，前回しきりに出てきた**無生物主語の構文**だ。主語を副詞節に，他動詞を自動詞に，目的語を新しい主語に置き換える工夫を加えれば，「どんな法律を作ってみても，犯罪者は思いとどまるものではない」という文意がきっちり読み解けるのではあるまいか。

they keep　"they" が指すのは，前のパラグラフの "many in the audience" とも考えられるが，むしろ冒頭の "People who...cities" だろう。講演会の聴衆なら，過去の特定の時点のことだから，"they *kept* repeating" となっているはずだ。

they are right　「彼らの言うとおりだ」。"right" は，道徳的に「正しい」という意味の場合もあるが，むしろ論理的に「正しい」，つまり「正確である，当を得ている」の意味であることも多い。単純な，よく知っているつもりの単語こそ，用法をきちんと押さえておくことが大事である。

Criminals will always get　この "will" は未来を表わしているのではない。**現在の習慣，あるいは一般的傾向を表わす用法**。*Ex.* Children *will* be noisy.「子供はとかく騒ぐものだ」。これもまた，今述べた "right" などと同様，単純な単語の用法の問題である。なお，すぐ次に出る二つの "will" も同じ用法。それに，すぐ前に出た "No laws *will* stop..." の "will" も，実は同じ用法だった。

〈流れをつかむ〉

　第(1)のパラグラフに著者の主張が多少とも含まれてい

たとすれば,「銃規制を今よりきびしくすべきだ」ということだったはずだ。ところがこの第(2)パラグラフでは, その主張をそのまま展開するのではなく, 逆に反対論者の意見を紹介し, しかも一見,「彼らの言うとおりだ」と, 反対論に賛成しているようにさえ見える。前回のエッセイとくらべて, いよいよ意外な展開と言わなくてはならない。さて, では次のパラグラフでは, 話はどんな方向に進むのだろうか。

> (3) What they fail to recognize, however —— since they live in areas where guns are used largely for killing animals, not people —— is that most violence in the city is not committed by criminals. The professional criminals, in fact, shoot only one another; and even the small-time crook is not statistically a great menace with firearms.

fail to recognize この "fail" は「失敗する」の意味ではない。fail to do ～は,「本来なら～できるはずであるのに, 残念ながらしない」の意味。
largely 「大きく」ではない。脚注にも書いたとおり, 「主に, 主として」の意味。これもまた, 上の "fail" などと同様, 単純そうに見えるが, 注意を要する単語の例。
in fact これも同様の例かもしれない。よく似た単語として "indeed" が思い浮かぶが, "in fact" は, 前に述べたこととは対照的に,「ところが実際には」の意味で使うことが多い。これにたいして "indeed" は, 前に述べたこ

とを強調して,「そして実際そのとおりで」の意味あいで用いることが多い。

with firearms この "with" は,「〜に関して」の意味と取れなくもないが,「たとえ銃を持っていても(大した脅威にはならない)」と理解していいだろう。ちなみに "arms" は(複数形で)「武器」。動詞 arm「武装させる」を参照(cf. army, armament)。「腕」の意味での "arm" とは別の語源。

〈流れをつかむ〉

今度は,すぐ前のパラグラフ(2)を受け,銃規制反対論者の主張に反駁する内容である。つまり,銃規制強化論者として,著者の主張(あるいはむしろ,その主張の根拠となる事実)を述べているわけだ。これで多少,論説文らしい展開になってきた。

---

(4) I returned from Montana on a Saturday and picked up that night's paper in Chicago. Five separate shootings had been reported —— three of them ending in deaths, including one "innocent bystander" to a quarrel. In none of these five separate shootings was a criminal involved.

---

including... これも,分詞構文が後から付け加えられた構文。→ and they included...

"innocent bystander"「その場に居合わせていただけで,事件にはなんの関係もない人」の意。引用符がついているのは,「いわゆる」というニュアンスを表わすため。

In none of these...　副詞を（強調のため）前に出した結果，倒置が起こった構文。普通の語順に直せば，"A criminal was involved in none of these..."

〈流れをつかむ〉

さて，多少は論説文らしい展開になってきたと思ったら，このパラグラフではまた，モンタナから帰ってその日の夕刊を見たという，いかにも個人的な経験の話に逆もどりする。一見，冒頭の，先月モンタナに行って講演をしたという，単純な経験談の続きに戻ったかのようだ。けれども，夕刊で見た発砲事件の紹介を読んでゆくうちに，やがて気がついてくるのではあるまいか。実はこれは，すぐ前のパラグラフ(3)に出た文章，"...most violence in the city is not committed by criminals" を受け，その例証として持ち出しているのではないか。

(5) One youth peppered a police car as he rode past on a bicycle. Two men fought in a tavern; one left, returned with a gun and killed his antagonist and a stranger at the bar. A 17-year-old girl was shot in the face as she sat on her front porch. An altercation between a tenant and his landlord left the landlord in undisputed possession of his property. He shot the tenant through the head.

one left　もちろん，"one of the men left the tavern" の意味。

with a gun　「銃を持って」。

the bar ここでは，日本語のいわゆる「バー」，つまり酒類を出す店そのものではなく，いわゆる「カウンター」のこと。ちなみに bar は，元来は何かを仕切る柵，棒。ハイジャンプの「バー」もその意味。法廷なら，傍聴席と被告席などの間の柵で，法律関係で用いれば，"at the bar" は「法廷弁護士である」の意味になる。

〈流れをつかむ〉

やはりそうだったのだ。シカゴに帰って読んだ夕刊の記事をこまかく紹介しているのは，実は，都会の発砲事件の大半が，プロの犯罪者の犯すものではないという「主張」を裏づけるための，まさに「例証」にほかならなかったのである。

> (6) This is the pattern of gun killings in the big cities. Most homicides are not professional jobs, but are committed by relatives, friends or neighbors, in the home or nearby. They are sparked by liquor, by lust, by jealousy, or greed, or a burning sense of injustice. And most are committed by people with no previous record of violence.

the pattern ただ漠然と「型」でもいいかもしれないが，*Webster's New World Dic.* は次のように説明している。"definite direction, tendency, or characteristics : as, behavior patterns" つまり，例えば「行動様式，行動パターン」のように，「特徴的，代表的な型，傾向」である。

sparked 名詞として使えばもちろん「火花，スパーク」

だが，ここでは「火をつける，（行動の）きっかけを与える」の意味の動詞。

a burning sense of injustice　つまり，「相手から不当な仕打ちを受けたという，強烈な怒り」。

〈流れをつかむ〉

　すぐ前のパラグラフの「例証」を受けて，今度はそこから一応の結論を引き出す。つまり，大都市の射殺事件はプロの仕業ではなく，一般市民が身近な相手を，激情にかられてつい殺してしまうケースがほとんどだというのである。こうたどってくると，先程の第(4)からこの第(6)までの三つのパラグラフは，この前のエッセイで観察した論説文の三段構成，提示－例証－結論という展開を，小規模ながら追っていることがわかるのではあるまいか。

　しかし，今回のエッセイは，もちろんこのミニ三段階だけで出来ているのではない。エッセイ全体の中に，いわば入れ子構造のように，小さな論説のシーケンスがはめ込まれた形になっているのだ。それなら，このエッセイ全体としてはどんな構成になっているのか。次にはこの点をたどらなくてはならない。

---

(7)　It is these who will be restrained by stricter gun laws, who will find it much harder to go home, pick up a gun and shoot an adversary. The liquor will pass, the lust will die, reflection will replace passion if the instrument of death is not so readily available.

It is these who...　強調の構文（who = that）。

by stricter gun laws 比較級がまた出てきた。パラグラフ(1)で説明したことを参考にすれば,「銃規制の法規を(現在より) きびしくすることによって」と理解できる。
will pass こういう "will" の用法もすでに出た（第(2)パラグラフ参照）。"pass" は「(酔いが) さめる, 消える」。
reflection...passion 「反省が激情に取って代わる」, つまり「一時の激情がおさまって, やがて反省の気持ちが起こる」。replace = take the place of
the instrument of death もちろん銃のこと。

〈流れをつかむ〉

今度のエッセイは, 前回よりは複雑な構成になっているけれども, 注意深く読んでみると, この第(7)パラグラフから, 全体にたいする結論の部分に入っていることに気づくと思う。その標識は何か。冒頭のパラグラフに対応する語句が, 改めてもう一度出てくるということがその目印だ。冒頭のパラグラフの最後には, "I have come out for *stricter gun laws*" とあった。今のこのパラグラフには, 最初にまず, "It is these who will be restrained by *stricter gun laws*" とある。明らかに, 冒頭の提示に対応するものとして, 意図的に同じ表現を繰り返したのである。

---

(8) No one suggests that tougher gun control will reduce organized crime, or will inhibit the crooks. But the majority of fatal shootings in a metropolis are more emotional than criminal in intent, more impulsive than premeditated. And if the gun isn't there, the impulse to shoot cannot be so hastily

gratified.

tougher gun control...crime　またまた**比較級**。同時にこれは，またしても例の**無生物主語の構文**でもある。この両方を念頭に置いて読み解けば，「銃規制を（現在より）強化すれば，組織犯罪が減少する」と理解できる。

〈流れをつかむ〉

さて，いよいよ最後の結論である。このパラグラフの内容は，すぐ前の第(7)パラグラフの内容とほぼ同じで，同じ論旨を繰り返し，強調しているわけだが，しかし注意して読んでみると，このエッセイで今まで述べてきたことを，前のパラグラフよりはもっと包括的，全体的にまとめなおす工夫が，周到に施されているのに気がつく。この点を，もう少し具体的に，文章に即して見ておくと——

まず "No one suggests that tougher gun control will reduce" の部分は，第(1)パラグラフの結尾，"I have come out for stricter gun laws" に対応している。

次の "organized crime" は，第(3)パラグラフの後半，"The professional criminals...shoot only one another" に，すぐ次の "the crooks" は，同じ第(3)パラグラフの，"the small-time crook...firearms" に対応している。

さらにまた，"But the majority of fatal shootings... premeditated" の部分は，(4)～(6)のパラグラフで挙げた例証の意味するところを，端的に一般化して要約したものであり，そして最後の文章，"And if the gun isn't there... gratified" によって，なぜ著者が銃規制の強化に賛成であるか，その真意を——言い換えれば，タイトルの「銃規制

I　主張と説得　047

によって何ができるか」という問いにたいする答えを述べて終るのである。

【構成を分析する】

これまで，読解の作業を進めるのと併行して，随所に〈流れをつかむ〉の項を設け，エッセイ全体の構成についても，かなりくわしく見てきたけれども，最後にもう一度全文を振り返って，まとめ直しておくことにしよう。

まず第(1)パラグラフでは，先月モンタナに行って講演したというエピソードを枕に振りながら，さりげなく，「私は銃規制の強化に賛成だ」という主張を提示する。前章のエッセイで見たような標準的，一般的な論説文にくらべれば，ちょっと型をズラせた，多少ひねった語り出しである。

さて第(2)パラグラフは，著者の意見とは反対の立場を紹介し，しかも，この反対論に賛意まで表する（"and, of course, they are right."）。標準的なパターンなら，主旨の提示を受けて，その論証のために例証に入るべきところである。ますますひねった，型をはずした展開と言うべきだろう。

なぜこのような，やや意表をついた展開の仕方をしたのか。おそらく，このエッセイのテーマのせいではないかと思う。銃規制を強化すべきかどうかという問題は，周知のとおり，すでにあまりにもしばしば論じられ，しかも世論を二分している，相当にデリケートなトピックである。とすれば，著者がいきなり，ストレートに銃規制の強化を主張したのでは，反対派は最初から拒否反応を示し，読むの

をやめてしまいかねないだろうし、主張自体にも、さして新鮮味が感じられないにちがいない。そういうことを考えて、こんな導入の仕方を選んだのではあるまいか。

さて、その上で、第(3)パラグラフ以後、反対論に反駁する段階に入る。そして、すでに述べたとおり、ここから(6)のパラグラフまでは、エッセイ全体の中に、もうひとつ小さなエッセイを入れこむような形で、「大都会の発砲事件は、犯罪者が犯すものではない」という論旨が展開される。つまり第(3)パラグラフの提示（冒頭のエピソードの続きという形で導入される）、(4)、(5)の例証、(6)の結論という三段構えで、小エッセイが一応完結するのである。

そしていよいよ、(7)と(8)の二つのパラグラフを通じて、著者は改めて、銃規制の強化がなぜ必要であり、有効であるかを述べるわけだが、こうした手続きを取ったおかげで、単に紋切り型の強化必要論を繰り返すのではなく、都会の銃撃事件の実態という新しい視点を導入することによって、新鮮な論点を示し、より説得力のある論拠を提出することに成功していると言えよう。短いけれども、すぐれた論旨の展開であると思う。

【全文を訳してみる】

「銃規制で何ができるか」

大都市に住んでいないと、なぜ銃規制が必要なのか、理解しにくいものらしい。先月モンタナへ行って講演したのだが、質疑応答の時間になって、憤然と反論する聴衆が多かった。私が常々、銃規制の法規を強化すべきだと書いているのは、納得できないというのである。

I 主張と説得

「どんな法律を作ったところで,犯罪者は銃を手に入れるのをあきらめたりすることはない」——銃規制の強化に異論を唱える人々は,いつもそう繰り返す。もちろん,彼らの言うとおりだ。犯罪者はいつでも銃を手に入れる。中毒者がいつでも麻薬を手に入れ,娼婦がいつでもお客を手に入れるのと同じことだ。

しかし,彼らの見逃がしている点がひとつある。彼らが住んでいる地域では,銃を使うのはもっぱら動物を殺すためであって,人間に向けることはないからだろう。だが都会では,ほとんどの場合,射殺事件を起こすのは,実は犯罪者ではないのである。実際には,プロの犯罪者が銃を撃ち合うのは,おたがい同士の間だけで,ケチなコソ泥でさえ,かりに銃を持っていても,統計的に見て,大して脅威となることはない。

土曜日,モンタナからシカゴに帰り,その日の夕刊を取りあげてみる。それぞれ別個の発砲事件が5件出ている。死者を出したのが3件。その中には,なんの関係もないのに,喧嘩の巻きぞえになって死んだ犠牲者が一人入っている。

5件の発砲事件とは,まず若者が一人,自転車で走り過ぎながら,パトカーに銃弾を浴びせた事件。次には男が二人,居酒屋で口論になり,一人が家に取って返し,銃を持ってもどってくると,喧嘩の相手ばかりか,カウンターにいたアカの他人まで射殺した事件。17歳の少女が,玄関のポーチにすわっていたところ,いきなり顔を撃たれたという事件。それに,借家人と家主のあいだで言い争いが起こり,家主は銃を持ち出してきて,その家が自分の所有物

であることを，有無を言わさず借家人に思い知らせた。借家人の頭を撃ち抜いてしまったのだ。

これこそ，大都会の射殺事件の典型的なパターンだ。ほとんどの射殺事件は，プロの仕業ではない。親族や友人，あるいは隣人が，自分の家やその近くで起こすのである。その引き金となるのは，酒の勢いであり，情欲や嫉妬であり，物欲，ないしはまた，不当な仕打ちにたいする烈火のごとき怒りであることもあろう。しかもほとんどの場合，暴力事件の前科などない人々が犯すのである。

こういう人々こそ，銃規制をきびしくすれば，思い留まらせることができる。いきなり家に取って返し，銃をひっつかんで相手を撃つなどということは，今よりむつかしくなるはずだ。人殺しの道具さえ手近になければ，やがて酔いは醒め，欲情は納まり，激情も静まって，反省に席をゆずるにちがいないのである。

銃規制を強化したからといって，組織犯罪が減少するだろうとか，コソ泥が思い留まるだろうなどと言っているのではない。だが大都会の射殺事件の大多数は，犯罪を意図したものというより，むしろ感情の爆発が原因であり，計画的な犯行というより，むしろ衝動的，発作的な行為なのだ。したがって銃さえそこになければ，かりに撃ち殺してやりたいと思ったとしても，そう性急に衝動を満足させることはできないはずなのである。

What Is Happiness in a Marriage

A college student asked me, during a bull-session* on campus last week, "How many happy marriages* do you think there are in our country?"

Of course, it is an impossible question to answer, even on a rough percentage basis.* But the question itself interested me more than the lack of an adequate answer.

Most people don't know that the idea of "happiness" in a personal sense is a relatively new one —— no older than the French Revolution. The idea that happiness as such* should be the controlling or dominating* factor in human life rarely occurred to the ancients* or to the medievals.*

Along with* the vague concept of "progress," happiness is a product of the last two centuries, when man began to feel he had overcome the forces of nature and when the idea of the individual personality became more important than the family, the tribe,* the city, or the nation.

People in the past were not supposed to aim at happiness as an ultimate* goal; they may have hoped for it as a by-product,* but they did not judge the worth of their lives by this standard. Marriages then held together* not because the couples were "happier," but because they weren't looking for happiness in marriage.

We can see this even as late as our grandparents' time.

---

bull-session = an informal, spontaneous discussion **marriages** 複数形に注目。本来は抽象名詞だが，ここでは「結婚生活」あるいは「夫婦」という具体的意味。 **basis** "on a basis" で,「〜の点から見て」の意味。 **as such** = in itself **dominating** = most important **ancients**「古代の人々」 **medievals**「中世の人々」 **Along with** = together with **tribe**「種族, 部族」 **ultimate**「究極的な」 **by-product**「副産物」 **held together** = kept together, remained united

Divorces were infrequent* not merely because the laws were stricter and morality more severe. The couples themselves were content if they rubbed along* together, had enough to live by, reared* decent families, and died with a sense of conjugal* accomplishment.

We today ask a great deal more of marriage —— just as we ask a great deal more of life generally.* The average married couple is not satisfied short of* "happiness," however this happiness may be defined —— and its definition usually includes some idea of romantic love* that was irrelevant* to marriage in past ages.

I can see good in both attitudes. The past was more realistic, and we are more ambitious. Our grandparents didn't expect too much out of marriage, and were satisfied with mere "adjustment." We expect a great deal —— perhaps too much —— and are unwilling to settle for* less.

We have a much different idea of the *individual* than they did, and this accounts for* the restlessness* and instability of modern marriage. We want marriage to be more than an economic and social contract (which I think it should be) but we have not yet matured enough to realize that "happiness" cannot be *found in* someone else —— it must be *built with* someone else. We have not yet grown up to our vast emotional wants.*

—— Sydney J. Harris

---

infrequent＜in (= not)＋frequent **rubbed along** = succeeded in living together **reared**「育てた」 **conjugal**「夫婦としての」 **generally**「ひろく一般に人生というもの全般について」の意味。 **short of** = if they lack **romantic love** つまり「恋愛」 **irrelevant**＜ir (= not)＋relevant (to) = connected (with) **settle for** = be content with; accept **accounts for** = gives an explanation for **restlessness**＜rest (= peace)＋less＋ness **wants**「欲求, 渇望」(この意味では、しばしば複数形)

もうひとつハリスの文章を読んでみる。ひろい意味では，今までの二つのエッセイ同様，論説文のタイプに属するが，話の運び方は，今までとは多少，あるいはかなり違う。これまでの2篇の展開の仕方と比較しながら，議論の流れを注意深くたどってゆくことにしよう。

【文意を読み解く】

> (1) A college student asked me, during a bull-session on campus last week, "How many happy marriages do you think there are in our country?"

"How many…do you think…?" 念のために，この型の疑問文の類例をいくつか挙げておこう。Who do you think he is?「彼は誰だと思いますか」／ Where do you suppose he met her?「彼は彼女にどこで会ったと思いますか」／ What time does the letter say he will start?「手紙には，彼がいつ出発すると書いてありますか」。

〈流れをつかむ〉

話はまず，先週ある大学へ行って学生から質問を受けたという，個人的な経験を語ることから始まる。この前やったばかりの銃規制をめぐるコラムが，先月モンタナに行って講演をしたという，個人的なエピソードから始まっていたのとよく似ている。

しかし，大きく違っている点がひとつあるのに気がつかれただろうか。この前は，「私は銃規制の強化に賛成である」という主張が，さりげなくではあったけれども，きち

んと提示されていた。ところが今度は,著者の主張に類することは一切入ってない。その代わり,学生が持ち出した質問が,わざわざ直接話法を使って——つまり,いやでも読者の注意を強く引かずにはいない形で紹介してある。さらに言い換えれば,あたかも読者自身が,この質問を問いかけられるかのような形で持ち出されている。パラグラフが,この問いかけそのもので終っていることも,こうした効果を強めるための工夫かもしれない。

> (2) Of course, it is an impossible question to answer, even on a rough percentage basis. But the question itself interested me more than the lack of an adequate answer.

an impossible question to answer　もちろん "a question impossible to answer" の意味。
the lack of an adequate answer　すでに何度も述べた**名詞(句)の中に文を読め**という原則を応用すれば,「適切な答えがないこと,適切に答えようがないこと」。

〈流れをつかむ〉

前のパラグラフで,ことさら質問を際立たせておきながら,今度は「そんな質問には答えようがない」と,いったん読者をはぐらかす。だがすぐまた一転して,答えようがないということ自体より,この問いそのものに興味を引かれたという。このひねりによって,逆に,質問はさらに強く読者に印象づけられることになる。

ところで次のパラグラフに入ると,話は「幸福」という

観念の歴史に移る。やや意外な方向に飛躍するのだ。ということは，この第(2)パラグラフと次の第(3)パラグラフとの間に，話の展開上，ひとつの区切りがあるということになる。とすれば，今まで読んできた冒頭の二つのパラグラフは，このエッセイの提示部，導入部だと考えざるをえない。しかしこの提示部には，著者の主張を暗示するような言葉はどこにも現われてはいなかった。結局このエッセイでは，これまで読んだ二つのコラムとは違って，著者の主張の代わりに，ひとつの問いかけが提示されている——そして以下の文章は，著者が読者といっしょに，この問いに答えを探し求めてゆくプロセスをたどることになるわけだ。今までのエッセイと，いささか趣きを異にすると最初に述べた理由のひとつは，実はこのことにほかならない。

> (3) Most people don't know that the idea of "happiness" in a personal sense is a relatively new one — no older than the French Revolution. The idea that happiness as such should be the controlling or dominating factor in human life rarely occurred to the ancients or to the medievals.

"happiness" in a personal sense 「個人的な意味での〈幸福〉」とは，「個人の生活（あるいは精神状態）にかかわる意味での〈幸福〉」ということだろう。ちなみに語源的には, happy は happen と同根で（元の名詞は hap。happy は，これに -y という形容詞語尾を加えた形），古くは「偶然に起こった幸運，好ましいめぐり合わせ」，さらには

「事がうまく運ぶこと，成功，繁栄」を意味した。

new one "one" は，もちろん，反復を避けるための不定代名詞。"idea" を受ける。

no older than = as new as 一般に **no＋比較級＋than** の構文は，**反対の同程度**と覚えておくと便利だ。つまり，no more than = as little as (= only), no less than = as much as と考えればいい。*Ex.* We paid *no less than* ten pounds. 「10ポンド（もの金を）払った」。

should be この "should" は，言うまでもなく，「……であるべきだ，当然……のはずである」の意味。

rarely = seldom もちろん，hardly, scarcely, barely などと同じで，否定語。つまり「たまにはあった」ではなく，「ほとんどなかった」。

occurred "occur" は，単に出来事が起こる場合ばかりでなく，"occur to somebody" という形で，「人の心に起こる，思い浮かぶ，思いつく」の意味でも使う。

〈流れをつかむ〉

　すでに述べたとおり，ここから話は「幸福」という観念の歴史的背景という，やや意外な方向に展開する。提示－例証－結論という，論説文の典型的なパターンなら，この段階では主張の提示を受け，これを裏づけるべく，具体的な例示に移るはずだが，今度のエッセイでは，冒頭に提示されたのは主張ではなく，問いかけだった。そこで今度は，この問いかけに答える手がかりを得るために，いったん視野をひろげ，いわばカメラをロングに引いて，問いかけに含まれている問題点を，背景から，おもむろに攻めてゆこうとしているのである。

I　主張と説得　057

「幸福な結婚生活を送っている人々がどの位いるか」という問いには，第一に「幸福」という概念，第二に「結婚」という問題が含まれていた。そこでこのパラグラフでは，まず第一の「幸福」という概念について，その歴史的な背景をさぐってみようとしているのである。

> (4) Along with the vague concept of "progress," happiness is a product of the last two centuries, when man began to feel he had overcome the forces of nature and when the idea of the individual personality became more important than the family, the tribe, the city, or the nation.

a product of...centuries 「過去2世紀の産物」でもいいだろうが，名詞(句)の中に文を読めという原則を思い出せば，「過去2世紀が産み出したものである」と読み解ける。
man "a" がついていないのは，もちろん，(個々の「人」ではなく)「人類」の意味であるため。
the family, the tribe... 今度は定冠詞がついている。「家族というもの，種族というもの」という，総称的(あるいは抽象的)意味を表わす。

〈流れをつかむ〉

すぐ前のパラグラフに引き続いて，同じく「幸福」の観念の歴史を検討している。前のパラグラフでは，「幸福」が個人の生活を規定する支配的，中心的な要因だと見る考え方が現われたのは，せいぜいフランス革命の頃にすぎないと指摘したが，今度のパラグラフでは，ほぼ同じ時期に

現われた，ほかの観念を列挙している。まず「進歩」の観念，それに，人類は自然をコントロールできるようになったという観念（つまり，科学技術の進歩にたいする信頼），そして最後に「個人の人格」の観念が，何よりも優先する重要性を持ってきたこと。この最後の "the idea of the individual personality" は，実はすぐ前のパラグラフの，"happiness in a *personal* sense" に対応していることに気がつかれただろうか。そればかりではない。やがて最後のパラグラフには，"idea of the *individual*" という表現も現われる。この「個人」という観点は，実はこのエッセイを支える大事な柱のひとつなのだ。

> (5) People in the past were not supposed to aim at happiness as an ultimate goal; they may have hoped for it as a by-product, but they did not judge the worth of their lives by this standard. Marriages then held together not because the couples were "happier," but because they weren't looking for happiness in marriage.

were...supposed この連語では，suppose は expect, require の意味。*Ex.* They *were supposed* to be here an hour ago.「1時間前にはここに来ていること（はず）になっていた」 / *Am* I *supposed* to clean all the rooms?「全部の部屋を掃除することになっている（しなければならない）のですか？」。

may have hoped 「期待したかもしれない」。may＋完了

I 主張と説得　059

形で，過去の事柄にたいする推量を表わす。

"happier" また**比較級**が出てきた。前にも触れたように，**何と比較しているのか押さえておかなくてはならない**。今度の場合は「現代にくらべて」だろう。

〈流れをつかむ〉

　パラグラフの前半では，引きつづき「幸福」の観念の歴史的背景を検討するが，しかし前のパラグラフとは視点がやや違っている。今までは文明史というか，人類史というか，要するに社会全体の価値観という観点から見てきたが，今度はこれを，個々人の生活という視点から捉えなおすのである。そして，この個人の生活という視点を介して，パラグラフの後半は第二の問題，「結婚」の観念に話題を移し，「幸福」と「結婚」が，昔はどんな関係にあったかを述べるわけだ。

---

(6) We can see this even as late as our grandparents' time. Divorces were infrequent not merely because the laws were stricter and morality more severe. The couples themselves were content if they rubbed along together, had enough to live by, reared decent families, and died with a sense of conjugal accomplishment.

---

late この "late"，「遅い」ではわからない。ここではもちろん recent の意味。cf. lately = recently

stricter ... more severe また比較級。ここでもやはり，「現代にくらべて」だろう。

The couples themselves なぜ "themselves" がついているのか。法律や道徳など，外部の力によってではなく，「夫婦自身が」という意味を読み取るべきだ。

content "content" と "satisfied" とは，類義語ではあるけれども，ニュアンスはかなり違う。"content" は，多少の不満があっても，これでよしと思うこと。つまり「我慢する」のだ。これにたいして "satisfied" は，十分に満足している，もう言うことはないというニュアンス。

enough to live by 「それによって生活するのに十分なもの」とは，「食べてゆけるだけの収入」。

〈流れをつかむ〉

前のパラグラフ（特に後半）を受けて，「結婚」と「幸福」の関係について述べる。要するに昔の人は，結婚の目的が幸福にあるなどとは考えなかったというのである。

同時に，これまで歴史的背景をさぐってくるプロセスで，古代や中世からフランス革命の時代，そしてこのパラグラフでは祖父母の時代まで，しだいに時代をくだってきたという，話の流れも見て取ることができるだろう。ここまで来れば，次は当然，現代の話になることが予想される。

---

(7) We today ask a great deal more of marriage —— just as we ask a great deal more of life generally. The average married couple is not satisfied short of "happiness," however this happiness may be defined —— and its definition usually includes some idea of romantic love that was irrelevant to marriage in past ages.

of marriage この "of" は "a great deal" にかかるのではない。"ask" に続く。ask A of B で「B に A を求める，期待する」（次のパラグラフに出る "expect…out of" と同じ意味）。*Ex.* You are *asking* rather a lot *of* your son. 「君は息子に期待をかけすぎているよ」。

"happiness" 引用符がつけてあるのは，「内容はどうであれ，ともかく今の人々のいう，いわゆる幸福」といった意味あい。

its definition…includes ここにも，例の**無生物主語の構文**の読み解き方が応用できる。「その定義の中には，恋愛という観念が入っている（含まれている）」。

romantic love that… この**関係代名詞**にも，前に説明した**接続詞を補って読む**という工夫が応用できる。→ "romantic love, *although* it was…"

〈流れをつかむ〉

予想どおり，話は現代に移った。内容的には，現代の「結婚」と「幸福」にたいする考え方が，過去とはいかに違っているか，これまで見てきた昔の人の考え方と対比して，端的に指摘される。

ただ，パラグラフの最後になって，今まで触れたことのない，新しい要素がはじめて現われる。"romantic love" という観念である。いささか唐突な，取ってつけたような印象がなくもない。ひとつには，現代人が「結婚の幸福」という時，家長と主婦という面のほかに，男と女としての愛情という要素を考えるのが一般的だから，それでこの問題を持ち出したのだと見ることもできるだろう。けれども多少の深読みをすれば，これは先程も触れた personality, individuality という問題とつながっていると考えることもできるのではないか。恋愛は，あくまで個人と個人との関係だからである。

> (8) I can see good in both attitudes. The past was more realistic, and we are more ambitious. Our grandparents didn't expect too much out of marriage, and were satisfied with mere "adjustment." We expect a great deal —— perhaps too much —— and are unwilling to settle for less.

more realistic この**比較級**が何にくらべてであるか，もう説明するまでもないだろう。もちろん「現代より」。次の "more ambitious" は，いうまでもなく「昔の人より」。
satisfied 先程も触れた contentment と satisfaction の違いを思い起こしてみれば，昔の人は，ただ折り合いをつけて一緒に暮らしてゆけるだけで，"content" どころか，「十分に満足していた」というニュアンスが読み取れるだろう。これにたいして，次に出てくる "settle for" (= accept) は，結局 "be content" とほぼ同義で，現代人は，少しでも足りないところがあると，「まあ，この程度でよしとしよう」などとは考えたがらないのである。

〈流れをつかむ〉

そろそろ結論に入る段階である。けれどもこのパラグラフは，いわば結論の中での第一段階——つまり，第(3)パラグラフから続いてきた歴史的背景の検討について，その内容を簡潔に要約したものだ。この前読んだ銃規制につい

てのエッセイで、最後から二番目のパラグラフが、同じく結論の第一段階として、例証を要約していたのと同様の段取りである。

もうひとつ注目しておくべきなのは、パラグラフの冒頭、著者は過去と現在の結婚観にたいして、どちらにもよいところがあると述べていることだ。この曖昧な、どっちつかずの態度は、このままでは結論にならない。結論は、何らかの形で、この曖昧さに決着をつけなくては出てこないはずである。

> (9) We have a much different idea of the *individual* than they did, and this accounts for the restlessness and instability of modern marriage. We want marriage to be more than an economic and social contract (which I think it should be) but we have not yet matured enough to realize that "happiness" cannot be *found in* someone else —— it must be *built with* someone else. We have not yet grown up to our vast emotional wants.

different...than "different" に続く前置詞は、from ばかりではなく、to（イギリス英語）や than（アメリカ英語）も用いられるが、英・米語とも、この例のように、後に（名詞ではなく）節が来る場合は、than が用いられることが多い。*Ex.* His appearance was very *different than* I had expected.「彼の風貌は、予期していたのとは大いに違っていた」。

individual なぜイタリック体にしてあるのか。イタリックスの用法はいろいろあるが（例えば，ラテン語など，外国語をそのまま用いる場合），ここではやはり強調のためだろう。次に出てくる *"found in"*, *"built with"* も同じ。

this accounts for... これも典型的な無生物主語の構文。すでに何度も説明した原則を，実地に応用してみていただきたい。

the restlessness...of marriage 最初にも強調したように，名詞（句）の中に文を読めという方法を応用すれば，この名詞句は次のように読み解くことができるはずだ。
"(why) modern marriage is restless and instable"

which I think it should be "I think" をカッコにくくって読む。ところで "it" はもちろん "marriage" を指すが，"which" は何を受けているのか。直前の "contract" だとすれば，「私は，結婚は契約であるべきだと思う」という意味になるが，著者はそんなことを言おうとしているのではあるまい。"which" はむしろ，"more than…contract" 全体を受けると考えるべきだろう。つまり，「たしかに私も，結婚は単なる契約以上のものであるべきだとは思うが」。

〈流れをつかむ〉

さて，いよいよ最後の結論だが，ここで，今までいわば伏線として張られてきた personality, individuality のテーマが，はじめて前面に姿を現わしてくる（それもしかも，イタリックスで強調した形で）。これが，いよいよ結論を出すための，一種の跳躍台となる。

現代の明確で強固な個人の意識，ないしは自我の観念に

I 主張と説得 065

よって，今日の結婚が不安定なものになっていることは事実だ。こうした自我をかかえこんでしまった現代人は，結婚を単なる経済的，社会的な契約と考えることはできない。結婚には，個人と個人が愛情によって結びつくということが，少なくとも今日においては欠かせない。著者もそのことは認める (cf. "which I think it should be")。ちなみにここで「契約」と呼んでいるものは，昔の人々のリアリスティックな結婚観——つまり，パラグラフ(6)に説明されていたように，何とか折り合いをつけながら生活を共にし，一応生活に困らぬだけの経済的な基盤があればよしと考え，世間にたいして恥ずかしくない子供を育てあげることができれば，それで結婚の目的は実現できたという考え方——に対応している。つまり著者は，ただ単に昔流の結婚に帰れと言っているのではないのだ。それなら，しかし，愛情によって結ばれた個人と個人の関係でありながら，なおかつ安定した結婚生活を営むにはどうすればいいのか。この問いは，先程の「曖昧」な態度を，別の形で言い換えたものにほかならない。

　本当の結論は，最後の3行あまり，"we have not yet matured" 以下に語られる。著者は結局，結婚における幸福を得ようと思えば，われわれが個人として，真の成熟に達しなければならないという。つまり相手に頼って，相手のうちに幸福を見出そうとするのではなく，そんな他人まかせの，他者に依存した態度は捨て，本当に自立した個人と個人同士として，共に協力しあって幸福を築きあげてゆかねばならない——それが著者の結論なのだ。

【構成を分析する】

すでに途中で,相当くわしく構成にも触れてきたから,ここでは個条書きの形でまとめ直しておくことにしよう。カッコ内の数字はパラグラフの番号である。

Ⅰ 提示
 1) 導入——学生から受けた質問 (1)
 2) 主題の提示——学生の質問を主題化する (2)
Ⅱ 展開——関連ある問題点の検討
 1) 「幸福」の観念の新しさ (3)
   その歴史的背景——「進歩」「技術」「個人」 (4)
 2) 「幸福」の観念と過去の結婚観 (5)(6)
   (昔は両者は直接結びついていなかった)
 3) 現代の結婚観——「愛」の観念 (7)
Ⅲ 結論
 1) 二つの結婚観(まとめ) (8)
 2) 個人としての成熟の必要性 (9)
   (これによってはじめて,結婚と愛と幸福とが
   結びつくことができる)

【全文を訳してみる】

「結婚の幸福とは」

先週ある大学に出かけて,学生のグループと自由に話しあった時のことである。学生の一人がこんな質問をした。「今アメリカに,幸福な結婚生活をしているカップルがどの位いると思いますか」。

もちろん,こんな質問は答えようがない。おおざっぱなパーセンテージの話としても無理だろう。だが私は,満足

な答えがないということよりも、その質問自体に興味を引かれた。

ほとんどの人は気づいていないかもしれないが、個人の「幸福」という観念はそう古いものではない。せいぜいフランス革命くらいまでしか遡ることはできないのである。そもそも幸福というものが、人の生活を左右し、支配する要因であるべきだといった考え方は、古代や中世の人々にとっては、ほとんど思いつくこともなかったものだ。

「進歩」という漠然たる観念と並んで、「幸福」は、過去わずか2世紀の産み出したものでしかない。この時期、人間は自然の力を克服することができたと感じ始め、同時にまた、個人の人格という観念が、家族や種族、あるいは都市や国家よりも、重要視されることになったのである。

昔の人は、幸福が人生の究極の目的である、などという前提に立ってはいなかった。なるほど、いわば副産物として、幸福を期待することはあったかもしれない。しかし幸福を基準にして、人生の価値を判断するなどということはなかった。その頃、夫婦が別れることの少なかったのも、別に今より「幸福」だったからではない。結婚に幸福など求めなかったからである。

こうした事情は、われわれの祖父母の時代ですらまだ残っていた。離婚がごくめずらしかったのも、ただ単に、法律や道徳が今よりきびしかったためではない。夫婦自身、折り合いをつけながら一緒に暮らし、食うに困らぬだけの経済的な基盤があり、世間にたいして恥ずかしくない子供を育てることさえできれば、それでよしと考え、これで結婚の目的を達することができたと感じて死んでいったのだ。

だが今日では，結婚にたいする期待はきわめて大きい。そもそも人生というもの一般にたいして，きわめて大きな期待をかけているのと同様である。現代の普通の夫婦は，「幸福」が欠けていては満足しない。この「幸福」がどんな意味であるとしても，普通はこの「幸福」の定義の中に，何ほどかは恋愛に近い愛の観念が含まれている。だがそうした「愛」など，昔は，結婚とは無縁と考えられていたものだ。

私は，このどちらの態度にも，それぞれに良さがあると思う。昔の態度のほうがリアリスティックである反面，現代の態度のほうが理想が高いと言えるだろう。祖父母の世代は，結婚に過大な期待を抱かず，ただうまく「折り合って」ゆければ満足だった。現代は，結婚にたいする期待が大きい。ひょっとすると大きすぎるのかもしれない。そして，現実がこの期待に届かないと，現実を受け入れようとはしないのである。

今日われわれの抱く「個人」の観念は，昔とは大いに違っている。現代の結婚が不安に満ち，安定を欠いているのはこのためだ。われわれは結婚というものが，単なる経済的・社会的契約以上のものでなくてはならぬと考える。確かに，そうでなくてはならぬと私も思う。だがわれわれは，まだ十分な成熟に達してはいない。十分に認識するに至っていない。「幸福」は，他人の中に見出すべきものではなく，他人と共に築きあげてゆかねばならぬものだ。われわれはまだ，過大な情緒的欲求に見合うだけの，真の成熟を身につけてはいないのである。

Tax Revolters, Spare* the Waste

The United States is the home office* of waste and always has been. The country was built on waste. We wasted land, wasted people, wasted resources and wasted fortunes* that were built on wasting land, people and resources. Large parts of the country stretching from the South Bronx* to Los Angeles shopping centers are now pure wastelands.*

I respect waste. Waste made America what it is today. Some people talk about the Constitution,* some about the Conestoga wagon,* some about the Colt 45* and some about the railroads —— and, indeed, all played their role in building the country. But what good* would they have done without waste?

It behooves* Americans to cherish* waste as part of our heritage.* Yet, what began a few weeks ago as a decent old-fashioned tax revolt* has now degraded* into an attack on waste.

A poll* conducted by *The New York Times* and CBS News suggests that three of every four citizens want Governments to stop waste. Most of these people want to have their taxes cut, which is natural, but don't want to lose any Government services they now enjoy, which is

---

Spare「抑える」の意味と同時に、「批判を差し控える」の意味とも取れる。一種のシャレ。 **home office**「本店, 本社」(ここでは「本家本元」ほどの意) **fortunes**「資産, 富」 **the South Bronx** ニューヨーク市の一地区 **wastelands** 普通は「荒地」だが, ここでは「浪費のあふれる土地」の意。これもシャレ。 **the Constitution**「合衆国憲法」 **Conestoga wagon**「大型の幌馬車」(Pennsylvania の町 Conestoga [kànəstóugə] で作られた) **Colt 45** もちろん自動拳銃。Samuel Colt (1814-62) の発明 **good** do good で「役に立つ」

equally natural.

The question with which they then struggle is how Governments can take in less money without reducing* services. The answer is to end waste, which is thought to be rampant* in Government, and probably is.

The trouble with this solution is that it offends* the American character. Any Government that did not practice waste on the grand scale would be a poor representative* of the American people.

Here let me now make a confession. I have just thrown out a half bottle of carbonated water.* It had gone flat* because I forgot to put a stopper in it. I wasted that water and did not feel the smallest pang of guilt* about doing what Government does every day.

What's more, I wasted the bottle it came in, and I wouldn't be surprised if the bottle cost more than the water I wasted. The company that makes these bottles insists that I waste them. So does the union* that works for the company that makes the bottles. Both management and labor believe waste is good for business.

This is not an isolated* case. The supermarket is selling tomatoes lovingly wrapped in molded* plastic. You know that costs something, but what do you do with the plastic after eating the tomato? You waste it, right along with* the paper bags in which the supermarket packages the car-

---

behooves (It behooves＋目的語＋不定詞の形で) proper, necessary **cherish**「重んずる, 執着する」 **heritage**「遺産, 伝統」 **tax revolt** taxpayer's revolt ともいう。「納税者の反乱」 **degraded**「堕落した」 **poll**「世論調査」 **reducing** = cutting down **rampant**「はびこっている」 **offends**「気分を害する, 気持ちに逆らう」 **be a poor representative**「代表としてふさわしくない, 十分代表していない」 **carbonated water**「炭酸水, ソーダ水」 **gone flat**「(飲物が) 気が抜けた」 **pang of guilt**「罪の意識, 良心の痛み」 **union**

bonated water with the bottles designed* to be wasted and the tomato wrapping which isn't fit for anything but* wasting.

I do not quarrel unduly* even with such conspicuous waste. Cannier* people than I, people who are geniuses of commercial enterprise, find waste a profitable undertaking,* and I respect their judgment. I buy their cars, designed to be wasted, and their pens, built to be thrown away. What puzzles me is why they expect Government to behave differently from the people who buy their merchandise.

We had some people in* to dinner the other night and they got going* on the terrible taxes and from there took off* against the evils of Government waste. In fact, they became so absorbed* in deploring* waste that most of them neglected dessert, thus wasting the better part* of a strawberry pie.

Most of them, like me, drive automobiles whenever the impulse strikes,* thus contributing to the national wasting of gasoline, which has created the balance-of-payments deficit,* which has led to the decline of the dollar. None of us worked up any heat against ourselves for indulging in* this traditional American waste. In fact, I didn't even hear it mentioned.

Anybody who did mention it would've been considered

「労働組合」 isolated the only one of its type の意味。molded「成型した（プラスチック）」 along with 既出 (p. 52 脚注)。right は強め designed = intended but = except unduly = too much Cannier<canny は「抜け目がない」 undertaking = enterprise had...in = invited got going （税金がひどいという）「話になった」 took off = got excited absorbed「夢中に（なった）」 deploring「嘆かわしいと非難する」 better part = greater part, more than half strikes（衝動が）「急に起こる」 balance-of-payments

a bore.* It's boring of me to mention it now. We all looked energywasting squarely in the eye* a long time ago and decided to keep it as part of the American tradition. Right now, I'll bet,* there are thousands of people writing letters to editors and Congressmen* about the viciousness* of waste while running air conditioners that waste power at a prodigious* rate.

Wasting power on air conditioning is an accepted American tradition, even if Abraham Lincoln did do his letter-writing with only a cardboard* fan to cool his brow. The chances of persuading Governments to stop waste are probably not a bit better than the chances of forcing ourselves to kick the habit.* If the tax revolt deteriorates* into an attempt to make Governments behave more sensibly* than we do, it is surely doomed.*

Cutting taxes depends upon forcing Government to do less for us. If we truly want lower taxes we shall have to learn to back politicians into the corner* and snarl,* "What's the idea of trying to do something for me lately?"

—— Russell Baker

Copyright © 1978 by The New York Times Co. Reprinted with permission. Arranged with the New York Times Co. through Japan UNI Agency, Inc., Tokyo.

---

deficit「国際収支の赤字」 indulging in（快楽などに）「ふける」 bore「退屈な人」 looked...squarely in the eye「直視した」 I'll bet = I'm sure Congressmen「下院議員」 viciousness＜vicious＜vice「悪徳」 prodigious = very great cardboard「ボール紙」 kick the habit（俗語）give it up deteriorates = degrade sensibly「良識をもって」 doomed「最初から失敗は目に見えている」 back...into the corner「追いつめる」"back"は動詞。 snarl「どなりつける」（普通は犬などが「うなる」）

論説文の最後に、今度は新しい著者の文章、それも、今までよりは長い文章にチャレンジしてみることにしよう。著者の Russell Baker は1931年の生まれで、すでに永く *The New York Times* に "The Observer" というコラムを書きつづけている。何度もピューリッツァー賞を受けていて、アメリカを代表するコラムニストの一人だ。自伝の著作もある。

　ベイカーの文章は、今まで読んできたハリスよりも、もう一枚ひねりがきいていて、ウィットや皮肉、さらには逆説に満ち、これまでよりは、やや読みづらい（しかし、それだけに面白味の濃い）文章だ。実際、彼の本領とするところは、論説に類するエッセイよりも、むしろ、ほとんどファンタジーと呼びたいタイプの奔放なコラムで、本書でも第Ⅲ部「諧謔と逆説」で、その手のコラムを何篇か読んでみることにしているのだが、ともかくまず、パラグラフを追って、じっくり読んでゆくことにしよう。

【文意を読み解く】

(1) The United States is the home office of waste and always has been. The country was built on waste. We wasted land, wasted people, wasted resources and wasted fortunes that were built on wasting land, people and resources. Large parts of the country stretching from the South Bronx to Los Angeles shopping centers are now pure wastelands.

always has been　もちろん，後に "the home office of waste" を補う。もうひとつ，"always" の位置について。普通なら "has always been" だが，"always" を前に出すことで強調している。

built on wasting land, people and resources　もちろん，すぐ前に別々に列挙したものを繰り返したのだが，このように，繰り返しによって議論をたたみかけてゆく手法は，ベイカーの得意な論法のひとつと言っていい。以後，よく現われる。

the South Bronx…Los Angeles　アメリカの東の端から西の端まで，全国至る所で，の意味。もうひとつ，サウス・ブロンクスは麻薬や犯罪で有名な所だから，スラムであろうと，ファッショナブルな西海岸のピカピカのショッピング・センターであろうと，という意味あいも読めるかもしれない。

〈流れをつかむ〉

　いきなり，読者の意表をつく書き出しだ。「浪費」は，普通は悪徳と考えられている。だが実は，この悪徳こそアメリカ建国の精神であると著者は切り出す。しかもこの逆説が，最後の "wastelands" というシャレによって，みごとなジャブとなって読者の鼻先にくり出される。浪費 (waste) の国は，その結果として当然，荒廃 (waste) の土地ともなっていると言いたげだ。

---

(2)　I respect waste. Waste made America what it is today. Some people talk about the Constitution, some about the Conestoga wagon, some about the

I　主張と説得

> Colt 45 and some about the railroads —— and, indeed, all played their role in building the country. But what good would they have done without waste?

what it is today 「アメリカが今日そうであるところのもの」とは、つまり「今日のアメリカ」。

the Constitution... 以後、建国当初の憲法から始まって、西部開拓時代の幌馬車や拳銃、そして、19世紀後半からの大陸横断鉄道と、アメリカを築いたものの代表、シンボルが列挙される。

indeed 「そして確かにそのとおりで」("in fact" との対比については、前出 p. 41 参照)

would...have done 仮定法過去完了。if... に相当するのは "without waste"。

〈流れをつかむ〉

ここで読者は、またしても逆をつかれる。先程の "wastelands" という皮肉なシャレによって、著者は浪費を批判しているものと早合点していると、あにはからんや、今度はいきなり正面切って、「私は浪費に敬意を払う」と聞かされるのだ。いったい、著者の真意はどこにあるのか——読者がそうケゲンな気持ちを抱いたら、それこそ著者の思うツボ。すでにしてベイカーの術中にはまっているというものだ。ニクイ書き手である。

> (3) It behooves Americans to cherish waste as part of our heritage. Yet, what began a few weeks ago as

a decent old-fashioned tax revolt has now degraded into an attack on waste.

behooves この動詞は，ちょっと変った構文を取る。脚注にも書いたとおり，It behooves＋目的語（A）＋不定詞（B）の形で，「A が B するのは適切なこと（必要なこと）だ」の意味になる。*Ex.* It behooves you to work harder if you want to succeed here.

part "part" に冠詞 "a" がないことに注意。単なる一部分ではなく，全体と切っても切り離せない，必然的な一部，の意味。

〈流れをつかむ〉

さて，ここではじめて，"tax revolt" という話題が現われた。このエッセイのタイトル自体，"Tax Revolters" と呼びかけていた以上，これが本題にちがいない。今まで二つのパラグラフにわたって，"waste" についていささか読者を煙に巻くような話をしてきたのは，実はこうして，主題を提示するための巧妙な導入だったわけである。

(4) A poll conducted by *The New York Times* and CBS News suggests that three of every four citizens want Governments to stop waste. Most of these people want to have their taxes cut, which is natural, but don't want to lose any Government services they now enjoy, which is equally natural.

I 主張と説得 077

CBS Columbia Broadcasting System

citizens 「国民」。アメリカは共和制だから citizens と呼び，イギリスは君主制だから subjects (臣民) という。なお，"*every* four *citizens*" と，"every" の後に複数形が来ているのは，(4人をひとつの単位と見なして)「4人の国民<u>ごとに</u>」の意。*Ex.* Garbage is collected every three days. / Change the oil in the car every 5,000 miles.

Governments 複数になっているのは，連邦政府ばかりでなく，各州の政府を含めてのこと。

have their taxes cut have＋目的語＋過去分詞の受身。「税金を減らしてもらう」。

Government services 「各種の行政サービス」。今度の Government が単数なのは，もちろん形容詞相当だから。

〈流れをつかむ〉

　今度は，提示した主題にたいして，なぜ今，特にこのテーマを取りあげるのか，その具体的な動機を述べる。最近の世論調査の結果に，著者は引っかかるものを感じたのだ。第一に，減税を要求している人々の主張は，ひとつの矛盾をはらんでいる。税金は減らせ，ただし，行政サービスは減らすなという要求は，そもそも両立しがたいからだ。"which is equally natural" という最後の一句には (ここにも繰り返しの手法が用いてあるが)，いかにも皮肉なひびきがある。

> (5) The question with which they then struggle is how Governments can take in less money without reducing services. The answer is to end waste,

> which is thought to be rampant in Government, and probably is.

then　ここでは in that case「それなら」。
take in less money ...　税収が減りながら，サービスを減らさないなどということが，どうすればできるのか，というのである。
and probably is　すぐ前に "is *thought* to be" とあったのと対比して，今度は "is" とある。つまり，「事実，無駄がはびこっている」というのだ。ちなみに "probably" は，possibly にくらべてずっと肯定的，積極的な言葉である。

〈流れをつかむ〉
　すぐ前のパラグラフを受けて，反乱者たちの主張の矛盾を再確認する。そして，彼らの示す解決策を改めて紹介する。矛盾を解決するためには，政府の無駄をやめさせるしかない。ここではじめて，タイトルに含まれていた二つのテーマ，「税金」と「浪費」——いわば第1主題と第2主題が論理的に結びついた。

> (6)　The trouble with this solution is that it offends the American character. Any Government that did not practice waste on the grand scale would be a poor representative of the American people.

trouble　「問題点，欠点」。後にしばしば with をともなう。*Ex.* The trouble with your proposal is that it will be

I　主張と説得　079

too costly to implement. 「君の提案の難点は，実施するのに費用がかかりすぎることだ」。

the American character ここでは「アメリカの国民性」くらいに訳していいだろう。内容的に，第(3)パラグラフに出た "our heritage" に対応する。

that did not… この関係代名詞にも，接続詞を補うという工夫が有効。→ (Any Government), *if* it did not… もちろん "did" も "would" も仮定法過去。

〈流れをつかむ〉

だが反乱者たちの主張は，今度は著者自身の持論と矛盾してしまう。導入部で強調していたように，「アメリカをアメリカたらしめたものは浪費だ，浪費こそアメリカの伝統である」というのが，そもそも著者の持論だったからである。けれども，おそらく読者の大半は，実は反乱者たちの意見に賛成なのではあるまいか。政府が無駄さえはぶけば，税金を減らし，なおかつ行政サービスを維持することもできるはずだ——確かに，この主張には説得力がある。これにたいして，「浪費はアメリカのバックボーンだ」などというのは，いかにもベイカーらしい反語，逆説にすぎないのではないか。いったい著者は，どこまで本気でそんな奇矯の説をなすのか——読者にそんな疑問を抱かせたところで，エッセイの提示部は終る。こんな疑問を抱かせて，いやでも先を読まずにいられなくさせるのも，もちろん著者の得意の手である。やはりニクイ書き手だ。

(7) Here let me now make a confession. I have just thrown out a half bottle of carbonated water. It had

> gone flat because I forgot to put a stopper in it. I wasted that water and did not feel the smallest pang of guilt about doing what Government does every day.

make a confession ＝confess 現代英語では，動詞 1 語で言う代わりに，**動詞＋名詞**の形で表現するのを好む。*Ex.* to have (a good) sleep ＝ to sleep (well) / to take a rest ＝ to rest / to give an answer ＝ to answer / to do repairs ＝ to repair

the smallest pang いわゆる「最上級に even を補って理解すべき場合」にあたる。「ほんのわずかの痛みさえ」。

what Government does この**関係代名詞**にも，接続詞を読み込むという手法が効果的に応用できるだろう。→ *for* (or *since*) Government does that

〈流れをつかむ〉

さて，このパラグラフから例証の段階に入る。"Here" とか "now" とかいう言葉が，ここから新しい展開が始まるという標識になっている。

それにしても，いきなり「告白する」などと言われると，読者としては，つい身を乗り出さざるをえないが，そこで始まるのは，なんと「炭酸水」という，いかにも瑣細な話題だ。しかし，そうした瑣細な例を列挙してゆくことによって，以後，「浪費」がいかに深くアメリカの生活の隅々まで浸透しているかを例示してゆく。

> (8) What's more, I wasted the bottle it came in, and

> I wouldn't be surprised if the bottle cost more than the water I wasted. The company that makes these bottles insists that I waste them. So does the union that works for the company that makes the bottles. Both management and labor believe waste is good for business.

the bottle it came in つまり，買った時に炭酸水が入っていたビン。
I wouldn't be surprised if... it's only natural that...
the bottle cost "cost" に 3 単現の -s がついてないのは，仮定法現在であるため。
for the company that makes the bottles またしても繰り返しの技法。
management and labor 「経営陣と労働者側」。

〈流れをつかむ〉

炭酸水の例を続ける。今度は容器のビンだ。しかもこの浪費は，単に著者一人の自分勝手な行動というより，むしろメーカーが，経営者も労組も，一致して仕向けていることにほかならない。つまり，要するに資本主義社会の必然なのだ。

> (9) This is not an isolated case. The supermarket is selling tomatoes lovingly wrapped in molded plastic. You know that costs something, but what do you do with the plastic after eating the tomato? You waste it, right along with the paper bags in which

> the supermarket packages the carbonated water with the bottles designed to be wasted and the tomato wrapping which isn't fit for anything but wasting.

lovingly 「愛情を込めて，いとおしげに」とは，いかにも皮肉な形容だ。

the supermarket packages "packages" は動詞。
〈流れをつかむ〉

　炭酸水から始まった例証は，次にはボトル，さらに今度は，同じスーパーマーケットで売っているトマトの包装，ついにはボトルとトマトが一緒に入っていた紙袋へとひろがってゆく。しかもこれは，単なる列挙に終らない。今のパラグラフの最後の文章には，例の繰り返しの技法をまたしても活用して，いわば紙袋に何もかもつめ込むように，これまでの例をすべてつめ込み，クライマックスに盛りあげてゆく。単なる並列ではなく，クレッセンドしてゆくこの語り口は効果的だ。まるで「浪費」が，目の前にうず高く積みあげられてゆくかのようだ。

> (10) I do not quarrel unduly even with such conspicuous waste. Cannier people than I, people who are geniuses of commercial enterprise, find waste a profitable undertaking, and I respect their judgment. I buy their cars, designed to be wasted, and their pens, built to be thrown away. What puzzles me is why they expect Governments to behave differently

から得るのと同じ率で、製造業者からもその浪費の分け前を得ることができるのだ。

Cannier people than I ＝People (who are) cannier than I 次にもう一度この主語を繰り返して，people who are geniuses... と続ける。

their cars ここでは当然，「彼らの作った車」と考えなくてはならない。**名詞の中に文を読む**という工夫の応用，展開と言えるだろうか。次の "their pens" も同じ。

〈流れをつかむ〉

例証の第一項目，スーパーの話は前のパラグラフで終り，このパラグラフは，一種の間奏曲のような役目を果たす。なるほど自動車やボールペンなど，例証の続きもあるが，ポイントは最後の文章にある。つまりメーカーは，消費者には浪費を押しつけているくせに，政府にたいしては浪費をやめろと要求している，これは矛盾ではないか，というのである。例証の話が独り歩きしないように，コラム全体の主題との関連性を，途中で一度，読者に思い出させておこうとしているのだ。

(11) We had some people in to dinner the other night and they got going on the terrible taxes and from there took off against the evils of Government waste. In fact, they became so absorbed in deploring waste that most of them neglected dessert, thus wasting the better part of a strawberry pie.

the terrible taxes 「ひどい税金（について話し始めた）」

では日本語にならないが、これも文章に読みほどいて、「税金がひどい」、さらには「いかに税金がひどいか」と理解すればいい。次の "the evils of…waste" も同様。

the better part　脚注でも触れたが、この場合 good は「よい」の意味ではなく、「(量が) 多い」の意味。*Ex.* I had a good sleep.「たっぷり寝た」。奥さんのことを one's better half というのも、「よりよい半分」ではなく、半身以上の大きな意味を持つ存在、ということ。

〈流れをつかむ〉

　例証の第二の項目として、先日、自宅にお客を呼んで夕食を共にしたエピソードを語り始める。彼らも減税運動に共鳴していて、政府は浪費をやめるべきだと息まくが、そのくせ自分はデザートを無駄にしたという、軽いジョークで締めくくる。

---

(12)　Most of them, like me, drive automobiles whenever the impulse strikes, thus contributing to the national wasting of gasoline, which has created the balance-of-payments deficit, which has led to the decline of the dollar. None of us worked up any heat against ourselves for indulging in this traditional American waste. In fact, I didn't even hear it mentioned.

---

worked up　ここでは (感情, 意欲などを)「かき立てた」の意味。"heat" は事実上、anger と言い換えていいだろう。*Oxford American Dict.* も、"an intense feeling,

especially of anger" と説明している。"against" は
「〜に反対して」。
〈流れをつかむ〉
　第3の例はガソリンの浪費。事柄の性質上，話は貿易収支やドルの下落にまでひろがってゆく。"which has created…, which has led…" と，関係代名詞の節を繰り返し，たたみかけてゆく技巧は，すでにおなじみの語り口だ。

> (13) Anybody who did mention it would've been considered a bore. It's boring of me to mention it now. We all looked energywasting squarely in the eye a long time ago and decided to keep it as part of the American tradition. Right now, I'll bet, there are thousands of people writing letters to editors and Congressmen about the viciousness of waste while running air conditioners that waste power at a prodigious rate.

Anybody who…　例によって接続詞を補えば ➜ Anybody, *if* he did mention…　なお "did" は強調のため加えたものだが，過去形になっているのは仮定法過去。
part of the…tradition　今度も "part" に "a" がついていないことに注意。前出 p. 77 参照。
Right now　"Right" はもちろん強め。
editors　（新聞の）編集部。つまり，新聞に投書するのである。

〈流れをつかむ〉

　ガソリンと同じくエネルギー浪費の例として，今度はエアコンが厖大な電力を浪費する例を挙げる。

> (14) Wasting power on air conditioning is an accepted American tradition, even if Abraham Lincoln did do his letter-writing with only a cardboard fan to cool his brow. The chances of persuading Governments to stop waste are probably not a bit better than the chances of forcing ourselves to kick the habit. If the tax revolt deteriorates into an attempt to make Governments behave more sensibly than we do, it is surely doomed.

accepted　「誰もが認める，ひろく正当と認められた」。
chances　しばしば複数形を取って，likelihood that something will happen の意味に使う。「見込み」。
not a bit better than　"not a bit" は強い否定だから，結局 no better than，つまり，前に説明した no＋比較級＋than＝反対の同程度の型と理解していい（p. 57 参照）。要するに，"The chances are as poor (unpromising) as..." と考えればいい。

〈流れをつかむ〉

　エアコンの話を受けた後，二番目の文章から結論の段階に入る。それにしても，どうしてここから結論の段階が始まることがわかるのか。何か標識はあるのだろうか。主題の提示部に一度出てきた表現，それに途中，「間奏曲」と

呼んだ部分ですでに現われた表現が，改めてもう一度現われていることがその標識だ。つまり，まず——

persuading Governments to stop waste

は，パラグラフ(4)に出た言葉——

citizens want Governments to stop waste

を繰り返したものだし，また——

tax revolt deteriorates into ...

というのも，パラグラフ(3)にあった表現——

tax revolt has now degraded into

を，ほとんどそのまま再現している。そればかりか

make Governments behave more sensibly than we do

というのも，「間奏曲」(パラグラフ(10))の同様の言葉——

they expect Governments to behave differently

を受けていることは明らかだ。

こうしてこのパラグラフは，そもそもこのエッセイを書く直接の動機となったトピック，つまり，最近の納税者の反乱について，著者の意見を集約して述べることになる。そんな運動は失敗するに決まっている，と。

ちなみにこの，文中（特に提示部で）すでに出た重要な語句を改めて繰り返し，内容を集約して結論へと導いてゆくという手法は，この前読んだハリスの銃規制についてのコラムでも，非常によく似た形で用いられていたことが思い合わされる（p. 47参照）。論説タイプの文章では，一種の定型と考えていいだろう。

ところでこのパラグラフの前半，リンカーンについて，ややマンガ的なギャグの出ていたことにも触れておきたい。単なるくすぐりとも見えるけれども，今までに出た表現を

振り返り，繰り返すという手法と考え合わせると，また別の効果も見て取れるかもしれない。つまり二番目のパラグラフで，憲法や幌馬車，拳銃や鉄道など，アメリカ史のパノラマを点描したのに対応しているのではないか。その意味で，このエッセイ全体が，いわば輪を閉じる助けを果たしていると感じられなくもない。

さて，しかし，納税者の反乱は，政府に無駄をはぶけと要求しても成功しないと断じたからといって，それで本当に結論が出たわけではない。たとえそうであっても，税金が高すぎるという事実は依然として残る。これを解決するにはどうすればいいか。著者は，次の最後のパラグラフの冒頭，たったひとつのセンテンスで，ズバリとその結論を言ってのける。

> (15) Cutting taxes depends upon forcing Government to do less for us. If we truly want lower taxes we shall have to learn to back politicians into the corner and snarl, "What's the idea of trying to do something for me lately?"

want lower taxes 英語では名詞を中心にして，「より低い税金を望む」という言い方をするが，日本語なら動詞を中心にして，「税金を下げるように望む」と言うところだろう。

What's the idea 「どういうつもりだ」。"The (very) idea！" "What the (big, great) idea！" は決まり文句で，「何てくだらないことを考えるんだ，いったいどういうつ

I 主張と説得　089

もりだ」の意味。
〈流れをつかむ〉

　著者の結論は，意表をつくといえば意表をつくが，考えてみれば，いかにも自明の論理的帰結でもある。税金を安くしてほしければ，政府にたいして何をしてくれ，かにをしてくれと要求するのをやめることだ。この，納税反乱者たちの虚をつき，自己矛盾をつき，エゴイズムをつく結論を，最後の文章では，痛烈に逆説的なジョークに託して読者に突きつける。普通は政治家にたいして，どうして何もしてくれないのかと詰めよるところを，180度逆転し，どうして何かしようなどとするのかと詰問すべきだというのである。強烈なパンチ・ラインだ。

　最後にもうひとつ，ぜひ触れておかねばならないことがある。タイトルの問題である。一見すれば，脚注でも触れたとおり，これは「反乱する納税者よ，まず自分自身の浪費を控えよ」という意味に取れる。当然，読者はそのつもりで読み始める。ところが読み進んでゆくうちに，著者は浪費に反対するどころか，浪費こそアメリカをアメリカたらしめたものであって，反対などすべきではないと主張している。そして，最後の結論まで読み終って，改めてタイトルに目をやってみると，実はこの標題には，「浪費を批判することはやめよ」という意味も込められていたと気がつくという仕組みなのだ。やはり，ニクイ書き手と言わねばならない。

【構成を分析する】

　ごく簡単に個条書きにまとめておく。

Ⅰ 提示
  1) 導入　　　　　　　　　　　　パラグラフ(1)(2)
    浪費はアメリカを築いた伝統の重要な要素である
  2) 主題の提示　　　　　　　　　　　　(3)(4)(5)(6)
    納税者の反乱——その主張と問題点の指摘
Ⅱ 例証
    浪費がいかに深くアメリカ社会に浸透しているか
  1) 炭酸水　　　　　　　　　　　　　　　(7)(8)
  2) スーパーのトマトの包装，紙袋　　　　　　(9)
  3) 中仕切り（間奏）—— 例証を主題と結びつける　(10)
  4) パーティーのデザート　　　　　　　　　(11)
  5) ガソリンの浪費　　　　　　　　　　　(12)
  6) エアコンのエネルギー浪費　　　　　　　(13)
Ⅲ 結論
  1) 減税論者の矛盾，再論　　　　　　　　　(14)
  2) 最終的な結論　　　　　　　　　　　　(15)

【全文を訳してみる】

「浪費は無駄か」

　アメリカは浪費の総元締である。今そうであるばかりではない。昔からいつでも同じだった。この国は浪費の上に築かれたのだ。われわれは土地を浪費し，人間を浪費し，資源を浪費し，その上，土地と人間と資源を浪費して築いた富そのものまで浪費してきた。今やこの国の大半は，東はニューヨークのスラムから西はロサンゼルスのショッピング・センターまで，浪費のもたらした荒廃の地となりおおせている。

私は浪費に敬意を表したい。浪費によってこそ，アメリカは今日のアメリカたりえたからだ。アメリカを築き上げたものとして，まず憲法を挙げる人もあろうし，幌馬車や自動拳銃，あるいは鉄道を挙げる人もあるだろう。確かにみな，この国の建設にそれぞれ役割を果たしたことは否めない。けれどもそれも浪費がなくては，何の役に立ちえたろうか。

　アメリカ人たるもの，浪費こそこの国の重要な遺産のひとつとして，すべからく尊重せねばならない。ところが，ほんの数週間前，昔ながらの良識ある減税運動として始まったものが，今やたちまち，浪費にたいする非難，攻撃に堕しているとはどうしたことか。

　『ニューヨーク・タイムズ』と CBS テレビの行なった世論調査によると，国民の4人のうち3人は，政府にたいして無駄を排し，浪費をやめるよう望んでいるという。こうした人々のほとんどは，税負担の軽減を求めている。当然のことだろう。しかし同時に彼らは，現在受けている各種の行政サービスは失いたくないという。これもまた，同じく当然のことではあろう。

　だとすれば，彼らは当然，難問に直面せざるをえない。いかにして政府は，税収が減るにもかかわらず，サービスを減らさないでいられるのか。彼らは答える。浪費をやめよ。それというのも政府では，浪費の横行は目にあまるものがあるからだという。これもおそらく，そのとおりではあるのだろう。

　ただこの解決案のマズいところは，アメリカの国民性にまともに逆行するということだ。どんな政府であろうと，

大規模な浪費を行なわなくては，アメリカ国民を正しく代表していることにはならない。

　ここでひとつ，個人的な告白をさせていただきたい。私はたった今，飲み残しの炭酸水を捨ててしまったところである。栓をするのを忘れたので，気が抜けてしまったからだ。せっかくの炭酸水を浪費してしまったわけだが，良心の痛みなどはいささかも感じていない。だってこれは，政府が毎日やっていることではないか。

　そればかりではない。炭酸水の入っていたビンそのものも無駄にした。当然のこと，無駄にした水よりビンのほうが金がかかっているだろう。だがビンを作っている会社自体，無駄にせざるをえないように仕向けているのだ。ビンを作っている会社の労働組合も同じこと。経営者も労働者も一緒になって，浪費は商売の役に立つと信じているのだ。

　このケースばかりではない。スーパーで売っているトマトは，バカていねいにプラスティックで包装してある。これだって金がかかる。しかしいったい，トマトを食べてしまった後，このプラスティックをどうすればいいというのか。捨てて無駄にするしかない。スーパーが，トマトと一緒に炭酸水を入れてくれた紙袋だって同じことだ。炭酸水のビンは，最初から捨てて無駄にするように作ってあるし，トマトの包装もまた，無駄にするしか道はない。つまり紙袋の中身は，ほとんどがゴミなのである。いわば浪費の袋づめなのだ。

　こんな明らさまな浪費にたいしても，私はことさら文句をつけるつもりはない。金にかけては私などより才覚のある人たち，商売にかけては天才であるはずの人々が，浪費

I　主張と説得　093

はもうかると考えているのである。彼らの判断は、私といえども尊重する。私も彼らの作った車を買うし（はじめから捨てるように作った車だ）、彼らの作ったペンも買う（これまた、最初から投げ捨てるように作ってある）。だが、私にどうしても解せないのは、この人々も、いったん相手が政府となると、自分たちの商品を買ってくれる一般市民とは、まったく逆の行動を取るべきだと考えている点である。

　先日、何人か客を家によんで夕食をしたのだが、いかに税金がひどいかという話になり、そこから当然、政府の浪費は許せないと、口角アワを飛ばすことにもなった。実のところ、みんな夢中で浪費を慨嘆するあまり、デザートに手をつけた者はほとんどいない始末。おかげでストロベリー・パイは、おおかた無駄になってしまった。

　あの晩のお客のほとんどは、私と同様、ドライヴしたい気が起こればいつでも車を走らせる。こうして、アメリカ中のガソリンの浪費に一役買い、その結果として貿易収支の赤字が生まれ、その結果ドルは下落することにもなった。だが誰一人、アメリカの伝統たる浪費にふけったからといって、自分を非難、叱責した者はいない。というより実は、そんな話を口にすることすら、一度も耳にしたことがない。

　誰にしろ、そんな話を口に出せば、退屈なやつだと思われただろう。私が今こんな話を持ち出すこと自体、自分でも退屈なことだと思う。それというのも、このエネルギー浪費という問題は、とうの昔に正面から見すえて、アメリカの伝統に組み込もうとみんなで決めたことだからだ。今現にこの瞬間にも、新聞の編集部や下院議員に手紙を書き、浪費は悪だと訴えている人々が何千人といるだろう。だが

その人々は，きっとエアコンをかけて手紙を書いているはずだ。けれどもエアコンは，途方もなく電力を浪費しているはずではないか。

　エアコンでエネルギーを浪費するのは，今ではもう，誰しもアメリカの伝統として認めていることである。なるほどリンカーンは手紙を書く時，ボール紙で額をあおぐだけだったかもしれないが，しかし少なくとも今日では，政府に訴えて浪費をやめさせるのに成功する見込みはない。われわれ自身，断乎として浪費をやめる見込みなどまるでないのと同様である。もし納税者の反乱が政府にたいして，われわれ自身よりもっと理性的な行動を求めることに堕すとすれば，運動の行く末は，初手から目に見えている。

　税金を安くしたければ，強引に政府にせまり，われわれにたいするサービスをカットさせるしかない。もし本当に税金を下げることを望むのならば，政治家を追いつめ，こう問いつめることを知らねばなるまい。「この頃，私に何かしてくれようとしているらしいが，いったい何のつもりなのか」と。

II
語りと共感

　さて第II部では、第I部の論説文とは趣向を変えて、ひろい意味での「語り」の文章を、いくつか読んでみることにしよう。

　「語り」といっても、もちろん虚構の物語ではない。あくまでコラムのエッセイだから、著者がみずから経験したエピソード、出会った人物などを語る文章で、日本で普通「随筆」と呼んでいるタイプの文章と、ほぼ同じと言ってもいいだろう。

　当然、読者にたいするスタンスも、論説文の場合とは基本的に違ってくる。著者の主張を展開し、論理的に説得しようとするのではなく、読者を「語り」の中に引き込み、感覚的、情緒的に「共感」を得ようとするのだ。したがって全体の構成の仕方も、提示—例証—結論といった形とはおのずから変ってくる。

　そんなことを頭に置いて、まず最初のエッセイの全文を読んでみよう。今度は Bob Greene のコラムである。1947年の生まれで、ハリスやラッセルより一世代若い。青春時代にヴェトナム戦争を経験した世代に属する。彼のエッセイをいろどるペーソスの影も、あるいはそんな世代的な背景と関係があるのかもしれない。

Captain of His Ship

Sometimes, when you're not looking for anything, something comes up* and strikes* you as clear as daybreak. I had been traveling by bus through corn-and-soybean country* for several days; my reasons were personal ones, and I had found what I was looking for, and now I was on my way back to Chicago.

I seldom ride interstate* buses, but these few days had been enough to convince me that there is little romance to them. As a traveler who usually finds himself in airports, I had become numbed* by this week's endless hours in dank,* musty* buses, heading* slowly between places that no other form of public transportation serves.

Now I was on the last leg* of my journey; the Trailways* bus I was on had started the trip in St. Louis,* and was on a nine-hour run through Missouri and Illinois. Several hours into the ride,* I began to notice something.

It was the driver. He was a young man with a mustache* and sideburns*; I would have to guess he was in his early thirties. What struck me was the manner of crispness* and precision* he brought to his job. He was dressed neatly, and he addressed* his passengers politely, and at the rest stops* he timed his schedule exactly with his wristwatch.

---

comes up = occurs **strikes**「心を打つ」 **corn-and-soybean country** Iowa, Illinois, Indiana など中西部の諸州 **interstate**「複数の州をつなぐ (バス)」 **numbed**「麻痺した」 **dank**「じめじめした」 **musty**「かび臭い」 **heading** = moving towards **leg**「行程」 **the Trailways** 長距離バス会社のひとつ **St. Louis** もちろん Missouri の州都。そこから Illinois の Chicago に向かっているのだ。 **Several hours...ride**「走り始めて数時間して」 **mustache**「口ひげ」 **sideburns**「もみあげ」 **crispness**「きびきびした態度」 **precision**

When a passenger approached him with a question along the way,* the driver did not act as if he were annoyed; he took time* to answer in a friendly, informed* way. It was, frankly,* a lousy* route; instead of heading directly to Chicago, the schedule called for* him to stop at any number of* tiny towns along the way: Clinton, Fullerton, Farmer City, Gibson.

Usually there was no bus station* in these cities; the driver would pull the coach* into* a gas station parking lot,* or stop in front of a restaurant. One person might get off, or two might get on. It hardly seemed worth his time to be making the detours* to serve so few passengers.

And yet he carried out his job with class.* He welcomed each passenger to the bus; hurried out* the door to assist with baggage*; made a fresh count of travelers for his logbook* at every stop. I got the impression that he was memorizing all of our faces; we might be with him only for one gray autumn day, but we were his passengers and he seemed to be making an effort to take a personal interest in that.

He was just a long-haul* bus driver heading up* some forgotten route in the middle of the country, but for* his attitude, this might have been a Boeing 747 on its way to Paris. I found myself wondering what struck me so oddly* about this man, and in a second the realization came. This

---

「的確さ」 **addressed** = spoke to **rest stops**「休憩のための停車地」 **along the way**「途中で」 **took time**「ゆっくり入念に」 **informed** = having sufficient knowledge **frankly** = frankly speaking **lousy** [láuzi] = disgusting **called for** = required **any number of**「(いくつあるかわからないほど)多くの」 **bus station** いわゆるバス停ではなく,営業所。 **coach**「長距離バス」 **pull...into**「乗り入れる」 **lot**「場所, スペース」 **detours** [díːtuərz]「回り道」 **class** = high quality **out** = out of **with baggage** with は動作の対象を示す。

attitude of his —— this pride in the work he was doing —— was the very thing we have for so long been told* has vanished from the American work force*.

Had the driver taken a lazy and slovenly* approach, no one would have ever known*; the passengers on an interstate bus aren't the kind of people who have the pull* to make trouble. They have no alternative*; if they don't like the bus, there's no cheaper way for them to go. Certainly there was no prestige built into the driver's work. Trailways isn't even the big name* in long-haul buses; Greyhound is.

But on this ride, it was as if the idea of not doing his job well had never crossed* the driver's mind. And a funny thing was happening; because the driver found dignity in his own work, he instilled* his load of passengers* with a small feeling of dignity, too. Oh, they knew they were riding on an uncomfortable bus with men and women who probably couldn't afford* any other means of transportation; but because the driver had pride, the passengers seemed to feel a little better, too.

At one toll booth* the driver paid the attendant, then leaned out the window to say something. I listened. The driver had seen a car stalled* on the side of the highway several miles back, and was advising the toll-booth man to telephone the state police to inform them that there was a

---

logbook「運行日誌」 long-haul = long-distance up = along, through for「～に関しては」 oddly = unusually we have... told この部分，カッコに入れて考える。 work force（集合的に）「労働者」 slovenly = lazy and careless（形容詞） known ここでは「気がつく」 pull「影響力」 alternative「ほかに選ぶべきもの」 the big name「有名な物（人），大手」 crossed = occurred to instilled「注ぎ込んだ」 instill A with B = instill B into A his load of passengers「彼の乗せている乗客」 afford = be able to pay for

traveler in trouble. I hadn't noticed the stalled car, but the driver had, and he obviously considered this part of* his job.

When we pulled into the station in Chicago's Loop,* the driver stood at the bottom of the steps, helping each passenger depart, saying goodbye to each of us. He stayed there until the bus was empty.

It was something to see. Most of the passengers had no one to greet them*; they wandered out of the station one by one. In a bus station there is none of that sense of drama you're always getting at a big airport; here the feeling was not of an adventure beginning,* but of dreary, uneventful life continuing.

And yet, because of his attitude —— the way he feels about his work —— the driver had, for a few hours, made things different. When I arrived home, I realized something inexcusable: for all* the driver's impressiveness, I hadn't even bothered* to learn* his name. So I called the Trailways dispatcher* and found out. It is Ted Litt.

—— Bob Greene

---

toll booth「料金所」 **stalled**「立往生している」 **considered this part of ...** = considered this to be part of ... **Chicago's Loop** シカゴ中心部の商業地区 **no one to greet them** 出迎えてくれる者など誰もいなかったのである。 **an adventure beginning** adventure が beginning (動名詞) の意味上の主語。次の life continuing も同じ。 **for all** = in spite of **bothered to ...** (否定形で)「面倒でも，あえて……する」 **learn** = come to know **dispatcher**「運転管理係」

通読して，論説文との語り口の違い，構成の違い，さらにはまた，ハリスやベイカーとの個人的スタイルの違いに気がつかれただろうか。

　ボブ・グリーンの得意とするところは，穏健な良識とかウィットや諧謔ではなく，対象にたいするこまやかな愛情と，全体を貫く淡いペーソスにある。なかんずく，名もない人々，弱い立場にある人々のうちに，キラリと光る人間らしさを発見し，その感動を物静かに描き出すところが彼の真骨頂だろう。このエッセイなども，そうした特質がよく現われていると思う。

　さて，パラグラフを追って，ゆっくり読み進めてゆくことにしよう。

【文意を読み解く】

> (1) Sometimes, when you're not looking for anything, something comes up and strikes you as clear as daybreak. I had been traveling by bus through corn-and-soybean country for several days; my reasons were personal ones, and I had found what I was looking for, and now I was on my way back to Chicago.

strikes you…daybreak　「夜明けの光のように鮮やかな印象を残す」。
had found…looking for　つまり，用事をすませて，今は帰途についているのだ。

〈感じをつかむ〉

　論説文でよくあったように，最初にまず主張や主題が提示されるのではない。ましてやベイカーのエッセイのように，いきなり意表をつく逆説をぶつけるのでもない。いかにも静かな，ゆるやかな語り出しだ。

---

(2) I seldom ride interstate buses, but these few days had been enough to convince me that there is little romance to them. As a traveler who usually finds himself in airports, I had become numbed by this week's endless hours in dank, musty buses, heading slowly between places that no other form of public transportation serves.

---

these few days...convince me　やや変形はしているけれども，例の**無生物主語の構文**。前出（pp. 16-17参照）の転換を応用すれば，「この数日乗っただけで，私は十分に思い知った」。

finds himself in airports　「空港にいる，空港に行く」。

transportation serves　この"serve"は，「便（service）がある」の意味。

〈感じをつかむ〉

　静かな語り出しと言ったが，このパラグラフに入ると，ただ淡々としているというより，むしろいささか暗い，うらぶれた雰囲気が漂ってきた。特に"numbed by...endless hours in dank, musty buses"というあたり，相当にくたびれて，相当にウンザリした語り手の顔が目に見える

ようだ。

> (3) Now I was on the last leg of my journey; the Trailways bus I was on had started the trip in St. Louis, and was on a nine-hour run through Missouri and Illinois. Several hours into the ride, I began to notice something.

leg テレビで America's Cup のヨットレースを見た人には、この言葉はすでにおなじみのはずである。旅程の中の一部分。

a nine-hour run "hour" の単数形については、次の例を参照。a ten-minute walk / a five-mile race / a thirty-year old man

〈感じをつかむ〉

バスを乗りついだ長い旅も、ようやく終りが近くなったというが、それでもまだこの先9時間、このウンザリするバスに乗っていなくてはならない。だが、その時になってはじめて、著者の注意を引きつける何かが起こる。いよいよ語りが動き始めるのだ。そう言えば、冒頭にまず、"when you're not looking for anything, *something* comes up" とあった。そして今、"I began to notice *something*." とある。これまで描いてきたうらぶれた情景は、この something の登場を準備する導入部、背景の準備だったのである。背景がうらぶれているだけに、"something" が現われた時、それだけ著者の（そして読者の）注意が強く引かれ、あざやかな印象を残すことになる。

(4) It was the driver. He was a young man with a mustache and sideburns; I would have to guess he was in his early thirties. What struck me was the manner of crispness and precision he brought to his job. He was dressed neatly, and he addressed his passengers politely, and at the rest stops he timed his schedule exactly with his wristwatch.

would have to guess 「……だろうと考えざるをえなかった」。

the manner of crispness and precision やはり**名詞句を文章に読みほどいて** "how crisp and precise…he was (in doing his job)" と考えてみればいい。

timed his schedule 「運行時刻どおりになるように（出発の）時間を調整した」の意。time (*v.*) = arrange the time of

〈感じをつかむ〉

著者の注意を引いたのは運転手だった。これ以後, 彼がこの語りの主人公になる。はじめて描き出される彼のイメージが, 今まで準備してきた背景と際立って対照的で, いかにも意外な人物像であることに注目しなくてはならない。特に "crispness and precision" という形容。

(5) When a passenger approached him with a question along the way, the driver did not act as if he were annoyed; he took time to answer in a friendly,

II 語りと共感 105

> informed way. It was, frankly, a lousy route; instead of heading directly to Chicago, the schedule called for him to stop at any number of tiny towns along the way: Clinton, Fullerton, Farmer City, Gibson.

approached him すぐ前のパラグラフに出た "addressed" と同じく他動詞。日本語流に「〜に近づく，〜に話しかける」と考えれば，後に to が必要なように感じられるが，他動詞だから，もちろん不要。念のため。

the schedule called for him to stop... これもまた，典型的な**無生物主語**の構文。

along the way: このパンクチュエイション・マーク，コロン（:）は，その前でいったん抽象的に言ったことを（ここでは "tiny towns"），今度は具体的に言い換える時に用いる。これも念のため。

〈感じをつかむ〉

主人公のイメージが，さらにディテールを加えることによって具体性を増してゆく。同時に，その背景となるこのバス路線が，いかにゲンナリせざるをえないものか改めて語られ，主人公とのコントラストをさらに高めてゆく。

> (6) Usually there was no bus station in these cities; the driver would pull the coach into a gas station parking lot, or stop in front of a restaurant. One person might get off, or two might get on. It hardly seemed worth his time to be making the detours to serve so few passengers.

be making the detours　前にも一度触れたが (pp.20-21 参照)，**進行形**には強調の効果，特に，繰り返して行なわれることにたいする苛立ちなど，感情的にコミットした表現になる使い方がある。*Ex*. I am telling the truth.「<u>現に</u>事実を言ってるんだ」／ You're always finding fault with other people.「人のアラ探し<u>ばかり</u>している」。

〈感じをつかむ〉

引きつづき，この路線がいかに "lousy route" であるか，具体的な例を通じて執拗に描き出される。これでは，かりに運転手の態度が投げやりになったとしても，本来なら当然というものだろう。

---

(7)　And yet he carried out his job with class. He welcomed each passenger to the bus; hurried out the door to assist with baggage; made a fresh count of travelers for his logbook at every stop. I got the impression that he was memorizing all of our faces; we might be with him only for one gray autumn day, but we were his passengers and he seemed to be making an effort to take a personal interest in that.

And yet　But などより強い表現。

class　単に good であるという以上に，「抜きん出て傑出している」の意味。*Ex*. She's a good performer, but she lacks class.「うまくはあるが，一流とは言えない」。

made a fresh count of...　これも前に説明した，動詞一語の代わりに，動詞＋名詞の形を用いる語法。＝freshly counted travelers

in that "that" は何を指すか。"we were his passengers" 全体を指すと考えるべきだろう。

〈感じをつかむ〉

ところが,われらが主人公の仕事ぶりは,信じがたいほどにみごとだ。二番目の文章,セミコロン(;)で仕切った短いセンテンスをたたみかけてゆく語り口は,急速なクレッシェンドの効果がある。そればかりか,彼は乗客の顔まで一人一人覚えようとさえしているらしい。著者の,そして,彼の語りを聞いているわれわれ読者も,驚きを通りこして,やがて感嘆の思いに駆られてゆく。そして,改めてタイトルの言葉が思い出される。このしがないバスも,この運転手にとっては自分の船なのであり,そこに乗り合わせた人々は,たとえ行きずりの乗客だろうと,船長として,彼がその命を預かっている人々なのだ。あだやおろそかにはできない。

ここまでで,この旅の物語の,いわば第1部が終る。これ以後しばらくは,旅の途上の具体的な,個々の事物の描写から離れ,代わりに,著者が思いもかけず経験したこの発見について,その意味を思いめぐらすパラグラフがつづく。

---

(8) He was just a long-haul bus driver heading up some forgotten route in the middle of the country, but for his attitude, this might have been a Boeing 747 on its way to Paris. I found myself wondering what struck me so oddly about this man, and in a

second the realization came. This attitude of his
—— this pride in the work he was doing —— was
the very thing we have for so long been told has
vanished from the American work force.

found myself wondering 「自問しているのに気づいた，ふと自問していた」。"wonder"は，ここでは「疑問に思う」の意味。「驚嘆する」の意味の時は "wonder *at*"。念のため。

vanished disappeared completely（単に disappear より強い表現）

〈感じをつかむ〉

　先程も述べたとおり，ここからいわばカメラを引いて，直接の経験の話から，その意味するところを内省する段階に入る。"I found myself wondering..." という表現は，端的にこの変化を表わしている。そして内省は，アメリカの労働者一般の士気の低下，さらにはひろく，現代社会の風潮全体にまでひろがってゆく。

　それにしても，このうらぶれたバスと，パリ行きのジャンボ・ジェットとの対比は，制服にきりりと身を固め，副操縦士や機関士を従えたパイロットの晴れがましい勇姿まで想像させて，軽いユーモアをまじえながら，運転手のけなげな健闘ぶりを，さらに印象的に浮き立たせる。

(9) Had the driver taken a lazy and slovenly
approach, no one would have ever known; the pas-
sengers on an interstate bus aren't the kind of

people who have the pull to make trouble. They have no alternative; if they don't like the bus, there's no cheaper way for them to go. Certainly there was no prestige built into the driver's work. Trailways isn't even the big name in long-haul buses; Greyhound is.

Had the driver taken この倒置は，もちろん "if" の代用だが，注意すべきなのは，この "if" が even if,「かりに……だった<u>としても</u>」の意味だという点だろう。

have the pull to make trouble つまり，例えば警察なり役所などに顔がきいて，あの運転手の仕事ぶりはなってない，クビにしろなどと文句をつけ，ゴタゴタを起こすようなことはない，といった意味。

Greyhound is もちろん後に "the big name" を補う。

〈感じをつかむ〉

この運転手の仕事が，それ自体としては，少なくとも常識から考えて，まことに取るに足らぬものであることを，改めて認識している。それだけに，運転手の良心的な仕事ぶりが，ことさら印象的なのである。

(10) But on this ride, it was as if the idea of not doing his job well had never crossed the driver's mind. And a funny thing was happening; because the driver found dignity in his own work, he instilled his load of passengers with a small feeling of dignity, too. Oh, they knew they were riding on an

> uncomfortable bus with men and women who probably couldn't afford any other means of transportation; but because the driver had pride, the passengers seemed to feel a little better, too.

a funny thing ここでは, "funny" は「滑稽な, おもしろい」の意味ではなく, "strange, unexpected, unusual" (*Longman Dict. of Contemporary Eng.*) の意味。
Oh Oh, yes. Of course などのニュアンス。

〈感じをつかむ〉

ここでまた, 話は具体的な車内の情景にもどる。そして著者は, さらに新しい, 驚くべき発見を経験する。単に運転手一人が, 彼自身として立派だったばかりではない。このバス, この路線そのものと同様, うらぶれた, しがない人々の集まりだったはずの乗客まで, 運転手の真摯な態度によって変化しているではないか。ただ一人の個人の, まさしく個人としての影響力によって, 見知らぬ者同士の烏合の集団が, いわば, ひとつの小さな共同体へと変化し始めているのだ。

> (11) At one toll booth the driver paid the attendant, then leaned out the window to say something. I listened. The driver had seen a car stalled on the side of the highway several miles back, and was advising the toll-booth man to telephone the state police to inform them that there was a traveler in trouble. I hadn't noticed the stalled car, but the

> driver had, and he obviously considered this part of his job.

paid the attendant 日本語の感覚では，直接目的語として（料金ではなく）人が来るのは奇妙に感じられるかもしれないが，次の例を参照。pay the driver / pay the hospital / He paid me for my work. (*Random House Dict.*)
part of his job ここでも "part" に "a" がないことに注意。これも当然，仕事に入っていると考えたのである。前出 p. 77 参照。

〈感じをつかむ〉

　もうひとつ，いわば最後のパンチとして，具体的なエピソードが物語られる。運転手の律義な仕事ぶりは，ただバスの車内だけに限られてはいなかったのだ。彼の走っている道路そのものまで，自分の仕事場と心得ていたとでも言えようか。著者は思いもかけなかったが，運転手は，途中でエンストしている車に気づき，警察に連絡を頼んだというのである。つまり，単に車内を一種の共同体にしたばかりか，茫漠とした社会全体にたいしても，こうした，いわば「共同体化」の試みを，たとえ小さな努力にすぎなくとも，及ぼそうとしていたのだ。しかしもちろん，著者は，そんな教訓めいたコメントなど，一切加えることはしない。ただ，事実そのものに語らせているだけである。それがアピールの力を強める。それが「語り」の力だ。

> (12) When we pulled into the station in Chicago's Loop, the driver stood at the bottom of the steps,

helping each passenger depart, saying goodbye to each of us. He stayed there until the bus was empty.

---

we pulled into...　ここではじめて，主語に "we" が使われていることは，おそらく偶然ではない（例えばパラグラフ (6) では，"*the driver* would pull the coach into..." とあった）。この "we" は，もちろん運転手と著者を指す。そしてさらに，おそらく，乗り合わせた乗客全員まで指している。現にすぐ後には，"*each of us*" とある。彼らは，今や「われわれ」となった。まさに，共同体のメンバーとして，一体となったのである。

until the bus was empty　つまり，乗客の一人一人がすべて降りてしまうまで。

〈感じをつかむ〉

　ようやくにして，バスは終点に着いた。けれども，いよいよ旅の終る今は，出発の時の，あのうらぶれた雰囲気とは大いに違う。運転手は，乗客の一人一人と別れの挨拶をかわす。著者は，乗客の反応は語ってはいないけれども，パラグラフ (10) にあったように，運転手のおかげで "a small feeling of dignity" を感じ，"feel a little better" となっていた乗客なら，当然，挨拶を返したにちがいない。この旅のあいだに，彼らは（そして，もちろん誰よりも著者自身），小さいけれども，重い経験を得たのだ。

---

(13)　It was something to see. Most of the passengers had no one to greet them; they wandered out of the station one by one. In a bus station there is none of

> that sense of drama you're always getting at a big airport; here the feeling was not of an adventure beginning, but of dreary, uneventful life continuing.

you're always getting 進行形の強調の効果，感情的なニュアンスについては，パラグラフ(6)を参照。ただし，ここでは「苛立ち」のニュアンスはない。この用法には，逆に共感，賞賛のニュアンスを表わす場合もある。*Ex.* He is always thinking about other people, never thinks about his own interests.

〈感じをつかむ〉

しかし，いくら大きな経験をしたからといって，それで生活のすべてが一挙に一変するものではない。旅が終れば，また元の退屈な，これといった事件もない，どんよりした日常が帰ってくる。ちなみにここで，冒頭に出た空港との対比が，今一度現われていることにも注目しなくてはならない。あの時は，空港で感じるものを "romance" と呼んだが，今 "drama", "adventure" と呼んでいるものは，まさしくこれに対応している。この反復，この照応は，物語が今や終ろうとしていることの標識である。そしてそれが同時に，旅の終りとも重なり合っているのだ。

> (14) And yet, because of his attitude —— the way he feels about his work —— the driver had, for a few hours, made things different. When I arrived home, I realized something inexcusable: for all the driver's impressiveness, I hadn't even bothered to learn his

> name. So I called the Trailways dispatcher and found out. It is Ted Litt.

the driver's impressiveness これも文章に読みほどいて，"(although) the driver had been so impressive" あるいは，"(although) I had been so deeply impressed with the driver's job" といった形で理解する。

〈感じをつかむ〉

　乗客はちりぢりとなり，またそれぞれの退屈な日常に帰って行った。いわば，「共同体」は解体してしまったのだ。けれども，旅のあいだに著者の（そして，おそらくほかの乗客の）心に生じた変化までが，単に数時間のかりそめの変化として，まったく消え果ててしまうわけではない。著者がわざわざバス会社に電話をかけ，運転手の名前を教えてもらったという行為は，この「船長」の行動，その行動が著者の心に訴えかけていたものが，ひとつの大切な種子として，著者の心に根づいたことを暗示している。最後の一句が，この物語の主人公の，今はじめて明かされる名前であることは象徴的だ。ヒーローは無名であってはならない。固有名詞を持たねばならない。なぜならこのヒーローが象徴するものは，まさしく個人というものが，まさしくただ一人の個人の意志によって，たとえ小さな力であっても，茫漠として巨大な社会を，確かに変化させる力を持つという事実だからにほかならない。

【全体を振り返る】

　さて，今まではパラグラフを追って「語り」の流れをた

どってきたが，改めて全体の構成を振り返ってみると，ほぼ次のように整理できるのではないかと思う。

Ⅰ 導入——旅の背景
　　バスの旅のわびしさ。空港との対比　　　　　(1)(2)

Ⅱ 語りの本体——旅が始まる
　1) 出発。やがてひとつの発見　　　　　　　　(3)
　2) 運転手（主人公）の登場。その風貌，仕事ぶり
　　 個々の具体的な行動を列挙。仕事自体のつまらなさ
　　 と対照的な，かいがいしい働きぶり　　　(4)〜(7)
　3) 内省——運転手の態度が意味するところを思いめ
　　 ぐらす。ひろがる視野　　　　　　　　　(8)(9)
　4) あらたな発見——運転手の態度が，乗客にまで好
　　 ましい影響を与えているのに驚く　　　　　(10)
　5) 最後のパンチ——料金所のエピソード　　　(11)

Ⅲ 終結部——旅が終る
　1) 終着駅での情景。日常に帰る。ふたたび空港との
　　 対比　　　　　　　　　　　　　　　　(12)(13)
　2) 結び。主人公が名前を与えられる　　　　　(14)

このように振り返ってみると，改めて気がつくのではあるまいか。この「語り」の構造は，実は旅の行程をなぞる形を取っていたのだ。「語り」は旅の始まりと共に始まり，旅が終る時，「語り」もまた終りを迎える。けれどもこの対応は，ただ直接，文字どおりの，機械的なレベルにとどまるものではない。もっと内的な，いわば経験の基本的な構造において照応している。旅に出る時，われわれは，たとえわずかばかりではあっても，日常の空間と時間の外へ出て，なんらかの新しい発見を経験する。そして，ふたた

び日常に帰ってきた後も、この経験、この発見は、たとえかすかにではあっても、日常の中になんらかの変化をもたらす。

　だが、これは実は、「語る」という行為の基本的な構造でもあると言えるのではないか。そもそも語り手が何かを語ろうとするのは、語るべき経験、なんらかの意味で特異な経験——たとえて言えば、広漠とした日常の海の中で、海面に露出して泡立っている岩礁のような、そんな経験があるからだろう。そして「語り」とは、そのような核となる経験を目的地として、そこへ近づき、たどり着き、帰ってくるという、精神の旅の形を取るはずだ。

　そればかりではない。これはまた、読者の「読む」という経験そのものの取る構造でもある。読者もまた、語り手の「旅」にいざなわれて、「語り」の核心にある発見を語り手と共有し、そして、もしそれが読むに値する「語り」であるなら、現実の日常に帰った後も、その発見は読者の心の中に、なんらかの変化を残すはずなのである。

　もしこのように考えることができるとすれば、旅を語る「語り」は、まさに「語り」というもののひとつの典型であると言うことができるだろう。そしてこのグリーンのエッセイは、語られている文字どおりの旅と、著者の「語り」の旅と、そして読者が経験する心の旅の三つが、みごとに一致した例だと言えるのではあるまいか。

【全文を訳してみる】

「船長の誇り」

　時おり、何も探してはいない時、思いもかけず何かが見

つかり，さながら夜明けの光のように，あざやかに心を打つことがある。私は，見渡す限りコーンや大豆の続く中西部の大平原を，もう数日間バスで旅行していた。個人的な用事で，探していたものも無事に見つかり，これからシカゴに帰るところだった。

州をまたがる長距離バスは，滅多に利用しないのだが，ここ何日か乗っただけで，およそロマンチックとは程遠いことを，いやというほど思い知らされた。1週間，ジメジメとカビくさいバスに押し込められて，体中が麻痺したかと思うくらい。しかもバスはノロノロと，ほかには何の交通機関もない町から町へと，はてしもなく走りつづけるのである。

いよいよ旅も最後の行程になり，私の乗ったトレールウェイズ・バスはセント・ルイスを発った。この先ミズーリ州からイリノイ州へ，まだ9時間走らなくてはならない。出発して何時間か，ふと，あることに気づいた。

運転手である。まだ若く，口ひげをはやし，もみあげが長い。どうやら30代の前半だろう。注意を引かれたのは，仕事ぶりがいかにもキビキビ，テキパキしていることだった。身なりもキチンとしているし，お客に話しかける態度もていねいだ。休憩のために停車した時も，腕時計を見ながら，正確にスケジュールの時間を守ろうとしている。

運転中，お客が近づいて質問しても，うるさそうな顔などしない。時間をかけて，親しげに，くわしく説明して答えている。正直いって，この路線はゲンナリするルートだった。まっすぐシカゴへ向かえばいいものを，スケジュール上，途中，数え切れないほど小さな町に止まらなくては

ならない。クリントン，フラトン，ファーマー・シティー，ギブソン……。

こういう町には，大抵バスの営業所などない。運転手は，ガソリン・スタンドの駐車スペースとか，レストランの前にバスを乗り入れなくてはならないのだ。おまけに，降りる客が一人，乗ってくる客が二人といった有様。こんなわずかのお客のために，わざわざ時間をかけ，こんな回り道をする値打ちなどありそうにも思えなかった。

にもかかわらず，運転手の仕事ぶりは抜群だった。お客が乗り込んでくるたびに，一人一人挨拶して迎え，荷物を持ったお客がいれば，ドアを飛び出していって手を貸す。停留所に止まるたびに，改めて乗客を数えなおし，日誌につける。それどころか，われわれの顔を全部覚えようとしているようにさえ見えた。われわれのほうでは，このどんよりした秋の一日，たまたま彼と一緒にいるだけのことかもしれない。しかし彼にとっては，われわれは彼が預かった乗客である以上，個人として，投げやりな接し方などしてはならない——そう感じているように思えたのである。

彼はしょせん，一介の長距離バスの運転手だ。人里離れた大平原の真ん中，誰からも忘れ去られたかのようなルートを走っているにすぎない。しかし彼の態度は，まるでこのバスがジャンボ・ジェットで，パリに向かっているかのようだ。私はふと自問していた。いったいこの男のどこが，これほど普通とはかけ離れた印象を与えるのか。そして，すぐに悟った。この彼の態度——今，自分のしている仕事に誇りを持つという，この態度こそ，まさに，アメリカの労働者から消え失せてしまったと，すでに長く聞かされつ

づけてきたものにほかならぬではないか。

かりにこの運転手の態度が、無精でぞんざいであったとしても、誰も気にもとめなかったろう。長距離バスに乗るような人々は、社会的な発言権などある人々ではない。運転手の仕事ぶりに文句をつけて、問題にすることなどあるはずがない。ほかに仕様がないからバスに乗っているのだ。たとえバスはいやでも、ほかにもっと安い旅行の方法がないのである。バスの運転手という仕事には、もともとエリートめいたところなどないことは明らかだ。第一、トレールウェイズ社は、長距離バスの大手でさえない。大手はグレイハウンドだ。

ところが今、このバスに乗務している運転手は、仕事をおろそかにするなどとは、考えてみたことすらない様子ではないか。それに、不思議なことが起こっていた。運転手が自分の仕事に誇りを見出していたために、彼の乗せているお客たちの心にも、小さな誇りの意識がひろがり始めていたのである。もちろん、お客たちは知っていた。おたがい、こんな窮屈なバスに乗っているのは、ほかの乗物に乗る余裕がないからだと。しかし、運転手にプライドがあったために、お客もまた、自分たちも少しは立派になったように思えたのだ。

ある料金所を通る時、運転手は料金を払った後、窓から身を乗り出して、係員に何か話していた。聴き耳を立てると、運転手は話している。ハイウェイの何マイルか手前で、車が一台エンストし、待避線で止まっているのを見かけた、州警察に連絡して、立往生している人のあることを知らせたほうがいい、と。私自身は、エンストの車には気がつか

なかった。だが運転手は目に止めていた。そして，こうした報告をすることも，当然，自分の仕事に入っていると考えたのだ。

われわれみなが，シカゴ都心の終点に到着すると，運転手は，乗降口の階段の下に降り立ち，お客一人一人を助け降ろしながら，一人一人に別れの挨拶をした。そして，乗客が一人残らず降りきってしまうまで，その場に立って待っていた。

一見の価値のある光景だった。乗客のほとんどは，出迎えてくれる友人などは誰もない。一人，一人，ちりぢりにバスの駅から去ってゆく。バスの駅には，空港でいつも感じる，あの高揚感などまるでない。これから冒険が始まるという気分ではなく，これからもまた退屈な，これといった事件もない，平坦な生活が続くという気分しかない。

しかし，それでも，あの運転手の態度のおかげで——自分の仕事にたいして，彼があんなふうに感じていてくれていたおかげで，ほんの数時間のことではあっても，何かが変った。家に帰って，私は許しがたいことをしていることに気がついた。あの運転手に，あれほど深い感銘を受けながら，彼の名前をたずねることすらしなかったではないか。私はトレールウェイズ・バスの運転管理係に電話して，彼の名前を知った。彼の名は，「テッド・リット」。

Retirement Dinner

　The event was a retirement dinner for a man who had spent forty years with the same company. A private dining room had been rented,* and the man's colleagues* from his office were in attendance.* Speeches and toasts* were planned, and a gift was to be presented.* It was probably like a thousand other retirement dinners that were being held around the country that night, but this one felt* a little different because the man who was retiring was my father.

　I flew in* for the dinner, but I was really not a part of it; a man's work is quite separate from his family, and the people in the room were as foreign* to me as I was to them. To me most of them were names, overheard* at the dinner table all my life as my father sat down to his meal after a day at the office; to them I was the kid in the framed* photograph on my father's desk.

　Names from a lifetime at the same job; it occurred to me, looking at the men and women in the room, that my father had worked for that same company since the time that Franklin Roosevelt* was president. Now my father was sixty-five, and the rules said* that he must retire; looking at the faces of the men and women, I tried to recall the images of each of them that I had built up over* the years

---

A private...rented 専用の個室を借りたのである。　**colleagues**「同僚」　**in attendance** = present　**toasts**「乾杯, 乾杯の挨拶」　**was to be presented** 予定を表わす be + 不定詞　**felt** 物が主語の場合,「……の感じがする」　**flew in**「飛行機で飛んで来た」　**foreign** = (quite) unfamiliar　**overheard** = heard accidentally　**framed**「写真立てに入れた」　**Franklin Roosevelt** 在任期間は 1933-45 年　**the rules said** say は物を主語として to direct, instruct の意味で用いることがある。　**over**「(特に, ある程度長い) 期間にわたって」　**vir-**

at our family dinners.

My father was seated at a different table from me; he appeared to be vaguely uncomfortable, and I could understand why. My mother was in the room, and my sister and brother; it was virtually* the first time in my father's life that there had been any mix at all between his family and his work.

A man's work is as important to him as his family. That is a fact that the family must, of necessity,* ignore, and if the man were ever confronted with it* he would have to deny it. Such a delicate balance; the attention must be paid to each detail of the job, and then the attention must be paid to each detail of the family, with never the luxury of an overlap.*

The speeches began, and, as I had expected, much of their content meant nothing to me. They were filled with references* and in-jokes* about things with which I was not familiar; I saw my father laughing and nodding* his head in recognition* as every speaker took his turn,* and often the people in the room would roar with glee* at something that drew a complete blank* with me. And again it occurred to me: a man spends a life with you, but it is really only half a life; the other half belongs to a world you know nothing about.

The speeches were specific*; the men and women spoke

---

tually = practically, almost of necessity = necessarily, unavoidably were ... confronted with it 仕事と家族とどちらが大事かと問いつめられたら, の意。 with never ... overlap「両方を同時に片づけることなど贅沢というもので, できるわけがない」 references「話題」 in-jokes「仲間うちの冗談」 nodding「うなずいている」 in recognition「そうそう, そんなこともあったな, という顔で」 turn「順番」 roar with glee「どっと笑う」 drew a complete blank「まるきり意味がわからなかった」(blank「からくじ」を

of little matters that had happened over the course* of the years, and each remembrance was like a small gift to my father, sitting and listening. None of us really change the world in our lifetimes, but we touch the people around us in ways that may last, and that is the real purpose of a retirement dinner like this one —— to tell a man that those memories will remain, even though the rules say that he has to go away.

I found myself thinking about that —— about how my father was going to feel the next morning, knowing that for the first time in his adult life he would not be driving to the building where the rest of these people would be reporting for work.* The separation pains* have to* be just as strong as to the loss of a family member, and yet in the world of the American work force,* a man is supposed* to accept it and even embrace* it.

When it was my father's turn to speak, his tone of voice had a different sound to me than the one I knew from around the house* of my growing up; at first* I thought that it came from the emotion of the evening, but then it struck me that this probably was not true; the voice I was hearing was the one he always used at the office, the one I had never* heard.

During my father's speech a waiter came into the room with a message for another man from the company; the

---

draw「引く」から)　**specific**「個別的」(反意語は general)
course「経過, 推移」　**reporting for work**「出勤する」(仕事場に到着し, 仕事を始める準備ができたと上司に「報告する」の意)
separation pains「別離の悲しみ」　**have to** must と同様,「にちがいない」の意味でも使う。**work force** 既出 (p.100 参照) **is supposed** 同じく既出 (p.59)　**embrace** = accept eagerly　**around the house**「家 (の中) で」(「まわりで」ではない)　**at first**「最初 (のうち) は」Cf. first「まず最初に」　**never**　単に強い否定ではなく,

man went to a phone just outside the room. From my table, I could hear him talking. There was a problem at the plant, something about a malfunction* in some water pipes. The man gave some hurried instructions* into the phone, saying which levers* to shut off and which plumbing* company to call for night emergency* service.

It was a call my father might have had to deal with on other nights, but on this night the unspoken rule* was that he was no longer part of all that. The man put down the phone and came back into the dining room, and my father was still standing up, talking about things unfamiliar to me.

I thought about how little I really know about him. And I realized that it was not just me; we are a whole nation of sons who think they know their fathers, but who come to understand on a night like this that they are really only half of their fathers' lives. Work is a mysterious thing; many of us claim* to hate it, but it takes a grip on* us so fierce that it captures* emotions and loyalties we never knew* were there. The gift was presented, and then, his forty years of work* at an end, my father went back to his home, and I went back to mine.

―― Bob Greene

時間の観念をふくむ。「一度もなかった」 **malfunction**「故障」< mal (= bad)+function **instructions**「指示, 指図」 **levers**（機械の）「レバー」 **plumbing**「配管工事」 **emergency**「緊急（事態）」 **unspoken rule** 口には出さないが，みんなが了解している決まり **claim** 反対を予想しながらも，あえて「断言する」 **takes a grip on** = grips (*v.*)「つかむ」 **captures**「捕える」 **we never knew** loyalties の後に，主格の関係代名詞を補い，同時に，この部分をカッコに入れて読む。 **forty years** 次に being を補う（分詞構文）。

もうひとつボブ・グリーンの「語り」を読んでみよう。今度は，文字どおりの旅の話ではない。しかし，ある種の精神の旅を語っていることに変りはない。

　このコラムでは，この前のエッセイのバス旅行に相当するのは，父親の退職記念パーティーである。これが全体の枠組になる。パーティーが始まり，父の会社の同僚たちが次々にスピーチをし，やがて父親の挨拶になる。そのあいだ，語り手はさまざまな思いに駆られる。この40年間の父の生活，家族と仕事との関係，男にとって仕事とは何であるのか……。そして「私」は，ひとつの「発見」に行きあたる。この「発見」こそ，海面に露出して泡立つ岩礁にも似て，このエッセイの核をなす経験である。やがてパーティーは終り，父も「私」も会場を去る。エッセイはそこで終る。バスがシカゴの終点に着き，乗客が別れ別れになったのと，正確に対応する「語り」の終りだ。

　今度の「旅」では，語り手は空間的に移動するのではない。空間的には，場面はレストランの一室から動かない。けれども，この閉ざされた空間の中で，「私」は心の旅をする。過去に向かって，同時にまた未来に向かって，さらには自分の心の奥に向かって。そしてこの「旅」で「私」の出会った「発見」は，「私」の生涯にとって，ひとつの重要な節目をなす経験となる。

【文意を読み解く】

(1) The event was a retirement dinner for a man who had spent forty years with the same company.

> A private dining room had been rented, and the man's colleagues from his office were in attendance. Speeches and toasts were planned, and a gift was to be presented. It was probably like a thousand other retirement dinners that were being held around the country that night, but this one felt a little different because the man who was retiring was my father.

The event いきなり定冠詞のついた名詞で,「その出来事」と始まっていることに注意。あたかも,すでにこの前に "an event" とあって,それを受けているかのような書き方だが,この手法は,やにわに読者を情況の真ん中へ引き込む効果をあげる。グレアム・グリーンの『第三の男』が,唐突に "*The* man" で始まるのを思い出させる。

the man...my father この表現も,読者に小さなショックを与える。どこかの誰かが退職する話かと思っていると,突然,それは語り手の父親だと知らされるのだ。

〈感じをつかむ〉

今もいうとおり,シャープに切り込む小気味よい語り出しだ。二番目,三番目の文章が, "A private dining room..., *and* the man's colleagues," "Speeches *and* toasts..., *and* a gift" と,対句をたたみかけてゆくテンポも快調である。そんな中で, "a thousand other retirement dinners...around the country" という所だけは,やや余分なことに触れているように見えるかもしれない。しかし実は,いよいよ最後のパラグラフになって,重要な意味を帯びることになる伏線を,ここで,いかにもさり気な

II 語りと共感

く張っているのだ。

> (2) I flew in for the dinner, but I was really not a part of it; a man's work is quite separate from his family, and the people in the room were as foreign to me as I was to them. To me most of them were names, overheard at the dinner table all my life as my father sat down to his meal after a day at the office; to them I was the kid in the framed photograph on my father's desk.

I flew in... 父親は，グリーンの住むシカゴからは，相当に離れた町に住んでいるらしい。これも結末の伏線になっている。

not a part of it 前に説明した "a" の有無の意味あいの違いから言えば，「私」はパーティーの不可欠の部分でないのはもちろん，さほど重要でない一部分ですらない，というニュアンスも読み込めなくはない。前出 p. 77 参照。

names 前に mere でも補ってみればわかりやすいかもしれない。

as my father... as はもちろん，時間を表わす接続詞 (= when)。

the kid...photograph もう四十男になった「私」を見ても，会社の人たちには，あの写真の坊やだとは気がつくまい。次のパラグラフで，語り手の思いが過去にひろがってゆくキッカケの役を果たす一句。

〈感じをつかむ〉

ほかならぬ「私」の父親の退職パーティーと聞かされて，読者は当然，語り手はさぞかし感慨に打たれているのだろうと予想する。ところが，語り手がまず感じたのは，実は強い違和感だった。場違いな所へ来たという感覚，ないしは疎外感。そしてこの違和感は，パーティーが進むにつれて深くなる。この疎外感こそ，実はこの「語り」を先へ押し進めてゆく推進力なのであり，同時にそれが，語り手を発見にみちびく力ともなってゆく。

---

(3) Names from a lifetime at the same job; it occurred to me, looking at the men and women in the room, that my father had worked for that same company since the time that Franklin Roosevelt was president. Now my father was sixty-five, and the rules said that he must retire; looking at the faces of the men and women, I tried to recall the images of each of them that I had built up over the years at our family dinners.

---

men and women ことさら「男」と「女」と区別しているのではなく，ただ「人々」の意味。ただし，単に "people" などと言うより，もっと具体的な表現になる。

the time that... "that" を関係副詞として when の代わりに使うことは特にめずらしくはない。*Ex.* She didn't say a word all the time *that* I was there. 念のため。

II 語りと共感

〈感じをつかむ〉

　先程も触れたとおり，語り手の思いは遠い過去にひろがってゆくが，ここには語りの手法という面で，注目すべき点がもうひとつある。"it occurred to me...that my father had worked" というセンテンスの中に割り込む形で，"looking at the men and women in the room" という一句が置かれているということだ。つまり，語り手の思いを遠い昔に誘い出すのは，あくまで今，目の前に見ている人々，情景だということである。以後，同様に，眼前に見えている事柄が描かれ，それをキッカケとして語り手の心にひろがってゆく感懐とが，交互に現われるというパターンが，何度も繰り返されることになる。

> (4) My father was seated at a different table from me; he appeared to be vaguely uncomfortable, and I could understand why. My mother was in the room, and my sister and brother; it was virtually the first time in my father's life that there had been any mix at all between his family and his work.

it was...that　もちろん強調の構文。
mix　ほぼ mixture と同意。ただ，"mix" のほうが口語的。

〈感じをつかむ〉

　最初の文章，前半の "uncomfortable" までは，今も言うとおり，現に目の前に見えているものを述べる。"he *appeared*..." という表現がそれを端的に示している。次に "I could understand why." 以下，見えているものをめぐ

って,「私」の思いめぐらす想念を述べてゆく。

　もうひとつ注目しておきたいのは,父の様子が何となく "uncomfortable" だったとある点だ。この居心地の悪さは,語り手自身の感じている違和感とも対応している。そして,そうした気持ちの原因となっているのも,どちらにとっても同じものだ。家族と仕事という,両立しがたい二つの世界が,今はじめて,直接ぶつかりあったためにほかならない。この時点では,父と「私」はまだ,気持ちの上で,おたがい近いところにいる。だからこそ,「私」にもすぐ,父の気持ちがよくわかるように思えたのだ。

> (5) A man's work is as important to him as his family. That is a fact that the family must, of necessity, ignore, and if the man were ever confronted with it he would have to deny it. Such a delicate balance; the attention must be paid to each detail of the job, and then the attention must be paid to each detail of the family, with never the luxury of an overlap.

as his family　*i.e.* is important to him　ちなみに **A is as...as B** の構文では,「Bが……であるのは当然」というニュアンスを持つことが多い。つまり,Bを基準にしてAを比較するのだ。この例でいえば,「家族が大事なことはもちろんだが,仕事もそれに劣らず大事だ」のニュアンス。もうひとつ類例を挙げておく。*Ex.* Children are quite *as* important in the life of a nation *as* its people.

II　語りと共感

the family must...ignore　家族が家族としての一体感，自立性を保ってゆくためには，仕事という，家族とは別個の価値が，しかも，家族に劣らぬほど大事なものがあるなどとは，考えないことにするしかない，ということ。

〈感じをつかむ〉

　「私」の想念はつづく。何のかのと言ってみたところで，結局のところ，仕事と家庭は両立しがたいものだ。「退職記念パーティー」などという，本来，仕事の上での会合に出て，家族の一人としての私が違和感を感じるのも，けだし当然のこと，避けがたいことなのだ。父のほうでも居心地の悪い思いがするのも，そう考えてみれば，やはり当たり前のことなのだろう……。

---

(6) The speeches began, and, as I had expected, much of their content meant nothing to me. They were filled with references and in-jokes about things with which I was not familiar; I saw my father laughing and nodding his head in recognition as every speaker took his turn, and often the people in the room would roar with glee at something that drew a complete blank with me. And again it occurred to me: a man spends a life with you, but it is really only half a life; the other half belongs to a world you know nothing about.

---

with which...familiar　この関係代名詞，今までやってきたとおり，接続詞を補って読むとわかりやすい。→

"*but* I was not familiar with them"

in recognition　脚注には,「そうそう,そんなこともあったな,という顔で」と意訳したが, recognize は, know again (something one has met before), identify as known before——つまり,前に経験したことを,ああ,あのことかと「認識する」の意味。

something that drew...　この関係代名詞の場合など,先程の工夫が特に有効だろう。→ "*but* it drew..."　みんなはドッと笑っている。それなのに,私にはまったくチンプンカンプンなのだ。

〈感じをつかむ〉

　いよいよスピーチが始まった。「私」の想念は断ち切られ,また眼前の情景の描写に引きもどされる(特に "I saw my father laughing..." に注目)。自分には,会社の人たちのスピーチはよくわからないだろうと,たしかに予想してはいた。それにそもそも,家族と会社のあいだに違和感のあることは,避けがたい現実だと納得もした。しかし,私には何の意味もなさない話に,父はうれしそうに笑い,ウンウンとうなずいているではないか。「私」にとって,これはやはりショックだったにちがいない。「私」はふたたび思いに沈む。生まれてこの方,父と一緒に暮らしてきたとはいえ,自分が知っている父は,実はただ,父の半分にすぎなかったのではないのか。

　これまで漠然とわだかまっていた違和感が,今や,ひとつの「発見」の形を取り始める。

(7)　The speeches were specific; the men and women

> spoke of little matters that had happened over the course of the years, and each remembrance was like a small gift to my father, sitting and listening. None of us really change the world in our lifetimes, but we touch the people around us in ways that may last, and that is the real purpose of a retirement dinner like this one —— to tell a man that those memories will remain, even though the rules say that he has to go away.

in ways that may last 「続くであろうさまざまな方法で」と直訳したのではよくわからない。結局，われわれは周囲の人々に触れ，たとえ小さくとも，さまざまな変化をもたらす，そしてその変化，影響は，永く人々の心に残ってゆくだろう，というほどの意。

〈感じをつかむ〉

　自分は実は，父を半分しか知っていないのではないかという「発見」のショックは，当然，父にたいして新しい目を開かせ，また父と同僚との関係，さらには，この夕食会そのものにたいして，新しい見方を語り手にせまる。そうした新しい目で，眼前で起こっていることをもう一度よく見，よく聞いてみれば，これは実は，まことに美しい光景ではないか。人々が父に贈る言葉は，単に仲間うちの，取りとめもない昔話というだけのものではない。これこそ，40年間働きつづけた父への，この上ない贈り物ではないか。"each remembrance was like a small gift to my father, sitting and listening" という一句は美しい。この

イメージ，この表現そのものが，「私」の感動を雄弁に物語っている。そして，こうした思い出を人々の心に残して，今，仕事を終えようとしている父親，その生きてきた永い道のりにたいして，直接そんな感情を表に出す言葉は一切ないにもかかわらず，あるいはむしろそのためにこそ，「私」が深い敬意を感じていることがよく読み取れる。「語り」の力というものだ。

> (8) I found myself thinking about that —— about how my father was going to feel the next morning, knowing that for the first time in his adult life he would not be driving to the building where the rest of these people would be reporting for work. The separation pains have to be just as strong as to the loss of a family member, and yet in the world of the American work force, a man is supposed to accept it and even embrace it.

the loss of a family member この名詞句も文章に読み解く。「家族の誰かが死んだ (時の苦痛)」。

accept it ... embrace it この "it" が何を指すか，文法的にはやや曖昧かもしれない。一応考えられるのは "separation pains" だが，これは明らかに複数だ (現に動詞は "have" と，複数扱いで受けている)。結局，たとえどれ程つらくとも，定年になれば辞めなくてはならないということ自体 (しいて文章の中から拾えば "separation" そのもの) だろう。

Ⅱ 語りと共感　135

〈感じをつかむ〉

「私」の思いは,次には未来のこと——それも,単に漠然とした未来ではなく,一夜明ければやって来る明日の朝のことに向かう。そして,その時の父の悲しみの深さを思いやる。けれども,それはもはや,家族の一人として父に同情しているのではない。今まで知らなかった父,今夜発見した新しい父,一人の働く男としての,生涯を生きぬいてきた一人の人間としての父にたいする思いである。

パラグラフの最後に,"the world of the American work force" と,父を離れて,ひろく社会全体にかかわる言葉が現われる。一見,いささか場違いに見えるかもしれない。だが実は,これは,冒頭のパラグラフに出た "a thousand other retirement dinners…around the country" につながっていると同時に,すでに触れたとおり,やがて最後のパラグラフでもう一度取りあげられて,結尾に重要な役割を果たすことになる伏線でもある。

> (9) When it was my father's turn to speak, his tone of voice had a different sound to me than the one I knew from around the house of my growing up; at first I thought that it came from the emotion of the evening, but then it struck me that this probably was not true; the voice I was hearing was the one he always used at the office, the one I had never heard.

true "true" は,別に道徳的なニュアンスなしに,ただ

「事実である、そのとおりである」の意味で使うことも多い。

was hearing "hear" は、普通は**進行形を作らない動詞**とされている。しかしここでは、「今、現にこの耳に聞こえている」と、**感情的にコミット**した**重い表現**として、あえて進行形を使っているのだ。すぐ次の "had never heard"「今まで一度も聞いたことがない」と、するどい対比を作り出して、効果的だ。

〈感じをつかむ〉

　最後に、いよいよ父のスピーチの番がきた。ここで、「私」は強烈なショックを受ける。声が違う。これは、自分の知っている父の声ではない。自分が知っている父は、実は父の半分でしかない、半分は知らない一人の男だったということは、観念的にはすでに「私」は発見していた。しかし声という、なまなましい、ほとんど生理的な感覚にジカに訴えるものを通じて、「私」は改めて痛切に実感する。今そこで話している父は、今はじめて出会う一人の男、一人の人間、ひとつの「他者」なのだ。「私」の「発見」はここに極まる。

(10) During my father's speech a waiter came into the room with a message for another man from the company; the man went to a phone just outside the room. From my table, I could hear him talking. There was a problem at the plant, something about a malfunction in some water pipes. The man gave some hurried instructions into the phone, saying which levers to shut off and which plumbing com-

> pany to call for night emergency service.

There was a problem...　形の上では地の文として書いてあるが，実は電話の話を，半分は直接話法の混じった表現で語っている。もし純粋な地の文なら，"There *had been* a problem" としなくてはならないだろう。同様の手法は，最初に読んだハリスのコラム，"Urban Anonymity Cultivates Anxiety" にもすでに出た。p. 19 を参照。

〈感じをつかむ〉

「私」の想念は，突然またしても断ち切られる。そして，いよいよ語りも終りを迎える直前のこの段階で，今までの話の流れとは一見無関係なエピソードが，いかにも即物的に挟み込まれる。この前の長距離バスの運転手の物語で，語りの終りも間近になった時，料金所でのエピソードが現われたことが思い起こされる。今のこのエピソードも，最後の結びに至るための，一種のジャンピング・ボードの役割を果たすのかもしれない。

> (11) It was a call my father might have had to deal with on other nights, but on this night the unspoken rule was that he was no longer part of all that. The man put down the phone and came back into the dining room, and my father was still standing up, talking about things unfamiliar to me.

standing up　この "stand up" は，もちろん「立ち上がる」という動作を示しているのではない。「立っている」とい

う状態を表わしている。とすれば,普通は**進行形**にはならないはずだ。それをあえて進行形にしているのは,先程の"was hearing"と同様,強調のためと考えていいだろう。

〈感じをつかむ〉

エピソードはつづく。そして,その意味するところが暗示されてゆく。今,父の同僚たちは,父の退職を記念して集まり,思い出を語り合い,笑い,うなずき,父の記憶が永く彼らの心に生きつづけることを確認しあっている。しかし,このなごやかな情景も,実は現実の半分にすぎないのだ。今この瞬間にも,会社の仕事は休むことなくつづいている。父はそのことを知らない——知らせてはもらえない。

「私」はすでに,今まで知っていた父は父の半分でしかなかったことを知り,残る半分は,見知らぬ別世界に属していたことを発見した。しかし今や,父はその別世界の側からも,すでにそこに属する者と見なされてはいないのだ。「私」の視角から発見した一人の男,一人の人間としての父の姿は,こうして今,思いもかけぬ別の光源から光を受けて,あざやかなイメージとして浮かびあがる。しょせん,孤独を負って生き,やがて死んでゆくしかない,一人の男として。

(12)　I thought about how little I really know about him. And I realized that it was not just me; we are a whole nation of sons who think they know their fathers, but who come to understand on a night like this that they are really only half of their fathers'

> lives. Work is a mysterious thing; many of us claim to hate it, but it takes a grip on us so fierce that it captures emotions and loyalties we never knew were there. The gift was presented, and then, his forty years of work at an end, my father went back to his home, and I went back to mine.

a whole nation of sons　"*the* whole nation" でないことに注意。"a kind of 〜," "a number of 〜" などの表現を参照。「国じゅうの息子たち」の意。

loyalties we never knew were there　脚注でも触れたとおり，"loyalties" の後に，主格の関係代名詞 that を補って読む。主格の that は，"I know", "we think" などの挿入句のある時は省略されるのが普通。*Ex.* She is just the type [that] *I knew* would attract him. また，関係代名詞の節に "there is (are)" が来る時も省略する。*Ex.* I have seen all [that] *there is* in the city. この本文の場合は，両方のケースが重なっているわけだ（"were there" は "there were" としても同じ）。

we never knew　"never"（あるいは "ever"）が過去形と共に用いられると，現在完了形と同じ意味を持つ。ただし普通の現在完了形より，感情的にもっとコミットした表現になる。

〈感じをつかむ〉

　一人の個人としての父の発見と，そうした父にたいする新しい共感が，「私」の思いをさらに普遍的な問題へとひろげてゆく。この「発見」は，単に私一人だけの経験では

ないはずだ。アメリカじゅうの息子たちが，今夜，国じゅうの至る所で開かれているはずの同じような集まりで，やはり同じ経験をしているに違いない。冒頭に引かれた伏線が，ここで印象的に，深い意味を帯びて完結する。これはつまりは，父と子の普遍的な出会いと別れの物語なのであり，そして息子は，自分もまた人の子の親ともなる以上，この経験は，永遠に繰り返される，人間普遍のものでもあるはずなのだ。

【全体を振り返る】

このエッセイの構成については，この章のはじめにかなりくわしく書いたし，途中でも，ややクドい程に繰り返し説明してきた。ここでもう一度繰り返したのでは，それこそ屋上に屋を重ねる，ないしは単なる蛇足を付け加えることになりそうだ。それにまたこのエッセイの構成は，「船長の誇り」よりずっと複雑で屈折しているから，今までのように図式化を試みても，さして意味があるとも思えない。

ただ，最後にひとつだけ，ぜひ書き加えておきたいことがある。このエッセイでは，例えば男にとって仕事とは何であるか，家族と仕事とはどのような関係にあるのか，といった問題も語られてはいるけれども，何といってもその中核にあるテーマは，息子は父を知らないという「発見」だった。逆に，見知らぬ「他者」としての父の「発見」と言い換えてもいい。ただ，今さら言うまでもないことだろうが，これはけっして，父との別れだけを意味するものではない。「他者」としての父を発見することによって，はじめて子は，逆説的に，一人の人間としての父に出会うこ

とができる。それぞれに、それぞれ別々の人生を生きてゆくしかない人間と人間として、深い共感をもって父を発見することができるのだ。その意味で、最後の一文、「父は父の家に帰り、私は私の家に帰った」という言葉は、別れの悲しみを語る言葉であると同時に、出会いのよろこびを語る言葉、さらにあえて言うなら、父への愛の表白でもある——私はそう読みたいと思う。

【全文を訳してみる】

「退職記念パーティー」

その会合とは、同じ会社で40年間勤めた男の退職記念パーティーだった。レストランに一室を借り切り、会社の同僚が集まって、スピーチや乾杯があり、記念品を贈ることになっていた。その夜、同じような退職記念の集まりが、国じゅうで何千と行なわれていたに違いない。しかし、このパーティーには特別の意味があった。退職するのは、ほかならぬ私の父親だったからである。

この会合に出るために、私は飛行機で飛んできたのだったが、本当を言えば、私は場違いな立場だった。男にとって、仕事と家族とはまったく別個のものである。今この部屋にいる人々は、私にとって、まったく見も知らぬ人々だったし、彼らにとっても、私はまったくの他人である。ほとんどの人は、私にはただの名前でしかない。父が一日の仕事を終えて家に帰り、夕食のテーブルについた時、昔から偶然耳にした名前にすぎない。彼らにとっても、私はただ、会社の父の机の上の、写真立てに入った小さな写真の中にいた、あの男の子というにすぎない。

同じ仕事を一生続け、一緒に働いてきた人々の名前の数々……部屋に集まった人々の顔を見ながら、私はふと思った。父がこの会社で働き始めたのは、フランクリン・ルーズベルトが大統領だった時代だ。今、父は65歳。会社の規則に従って、いやでも退職しなければならない。人々の顔を見ながら、私は思い出そうとしていた。家族で夕食を共にしながら、この歳月、ひとつひとつの名前から、どんなイメージを心に思い描いていたのだったか。

　父は、私とは別のテーブルにすわっていた。なんとなく居心地が悪そうに見える。その理由は、よくわかるような気がした。この部屋には母もいる。姉も、弟もいる。家族と仕事場の同僚とが、こうして同じ席に居合わせるのは、父にとっては、ほとんど生まれてはじめてのことなのだ。

　男にとって、仕事は家族に劣らず大事なものだ。この事実を、家族としては無視して暮らしてゆくしかないし、男のほうでも、もしこの事実を突きつけられれば、そんなことはないと否定するしかあるまい。実に微妙なバランスだ。仕事についても、細かいことにいちいち注意を集中しなければならないし、家に帰ればまた家族について、いちいち細かいことまで気を配らなくてはならない。同時に両方を十分にこなすことなど、しょせん贅沢な望みというもので、とても実現できることではない。

　スピーチが始まった。予想していたこととはいえ、どのスピーチも、私にはほとんどまったく意味がわからない。仲間うちしか通じない話題やジョークばかりで、私にはついてゆけない。見ると、父は声を立てて笑い、ウンウンとうなずいている。次々にスピーチが続き、人々は何度も、

いかにも楽しそうにドッと笑うが、私はまったくの置いてけぼりだ。そして、私はまたしても思ったのだ。誰かと生涯を共に過ごしてきたといっても、知っているのは、実は相手の生活の半分でしかない。あとの半分は、こちらのまったく知らぬ世界に属しているのだ。

スピーチの話題はみな、あくまでも具体的な、個々の細かい事柄だった。この永い年月のあいだに起こった、こまごまとした出来事の話である。そのひとつひとつの思い出が、さながら、父に捧げる小さな贈り物だった。父はすわって、じっと聴きいっている。われわれは誰にしろ、生きている間に、本当に世界を変えることなどできはしない。けれども、周囲の人々の心に触れることはできるだろう。そしてその小さな痕跡は、永く人々の心に残ることもありうるだろう。実はこうした集まりの本当の目的は、まさにそのことにある。会社の規則で去ってゆかねばならぬとしても、こうした思い出だけは人々の心に残ることを、せめて去ってゆく者に伝えておくのだ。

私はそんなことを考えていた。それに、明日の朝、父はどんな思いがするだろうかを。社会人となってはじめて、今日はもう仕事に行くことはない。今頃、みんなは会社に出勤している。しかし自分はもう、行くことはない——そう思い知る明日の朝の父の気持を。この別離の苦痛は、家族の誰かを喪った苦痛にも劣るまい。けれどもアメリカでは、働く者は誰しもこれを受け入れなくてはならない——どころか、よろこんで受け入れなくてはならないことになっている。

いよいよ父が挨拶する番になった。だが、父の声の調子

は，違っていた。私が生まれ育ったあの家で聞いた声とは，違うのだ。最初は，今夜はことに感動しているからかとも考えたのだが，やがて思い当たった。多分，そのためではない。今聞こえているこの声は，父がいつも仕事場で使っていた声なのだ。私が今まで，一度も聞いたことのない声だったのだ。

父の話しているあいだに，ウェイターが入ってきた。会社の別の人に伝言が届いたらしい。その男は，部屋のすぐ外にある電話に出た。私のテーブルからは，その男の話が聞こえた。工場でちょっとトラブルがあって，配水管がうまく働かないということらしい。男は早口で指示を与える。これこれのバルブを閉じ，どこそこの配管工事会社に連絡して，夜間の緊急サービスを呼ぶように。

ほかの夜なら，父がこの連絡を処理しなくてはならないはずだったのだ。しかし今夜は，誰もが暗黙のうちに了解している。父はもう，そんなこととは別の世界にいる人だ。男は受話器を置き，また部屋に戻ってきた。父はまだ立ったまま，私の知らないことを話していた。

私は考えていた。自分が実は，いかに父のことを知らないか。そして，私は悟ったのである。われわれアメリカじゅうの息子たちは，父親のことをよく知っていると思いながら，こんな晩には，誰しも思い知らされるのだ，自分たちの知っているのは，本当は父親の生涯の半分にしかすぎないことを。仕事とは不思議なものだ。仕事など大嫌いだと，誰しも口では言ってみせる。だが仕事は，われわれの心を猛々しい力でつかみ，心の奥底の深い感情も忠誠心も捉えて放さない。そんな深い感情が心に潜んでいようなど

とは，今まで一度として思ってもみなかったというのに。
記念品の贈呈があり，40年の仕事を終えて，父は父の家に帰り，私は私の家に帰った。

III
諧謔と逆説

　さて第Ⅲ部では,諧謔と逆説をポイントにした文章を2篇,読んでみることにしよう。著者はどちらも,すでに第Ⅰ部の最後で読んだラッセル・ベイカーである。

　それにしても,どうも変だと思われる読者もあるかもしれない。第Ⅲ部のタイトルのつけ方は,第Ⅰ部や第Ⅱ部とは性質が違っているのではないか。

　確かにそのとおりで,これまでの「主張と説得」,「語りと共感」という標題は,文章の基本的なタイプ,つまり,ジャンルをもとにしたものだった。しかし「諧謔」とか「逆説」というのは,別にジャンルを表わしているわけではない。むしろ表現の技法,ないしは効果にかかわる事柄である。だから,例えば逆説を駆使して読者を説得しようとする論説文もあれば,ユーモラスな語りというものもありうる。そして実際,この第Ⅲ部の最初のエッセイは,まさしくユーモアあふれる「語り」だし,次のコラムは,ジャンルとしては論説文のタイプに属するけれども,ストレートな論証ではなく,逆説を通じて読者を説得しようとしている。つまりこの第Ⅲ部のエッセイは,いずれも今まで試みてきた読解の訓練の,いわば応用篇ということになるわけだ。

By Royal Command

In the spring of 1953 I received a message from His Grace,* the Duke of Norfolk, Earl Marshal* of England, stating that he had been commanded by Her Majesty* Queen Elizabeth II, to invite my attendance at her Coronation* at the Abbey at Westminster.

Thus began my first and last participation in a royal occasion. The Queen's command to the Earl Marshal could not have been issued* very insistently,* and the Earl Marshal probably gritted* his teeth before obeying, for seats in the Abbey were being sought almost as eagerly as places* in Heaven. Nevertheless, as one of the few American journalists lucky enough to draw an invitation in the scribblers' lottery,* I accepted without worrying whether they really, truly, honestly wanted me.

The painstaking precision with which the British prepare their great shows extended even down to the grubbiest* pub crawlers* of Fleet Street.* The mail brought elaborate directions about how to dress. Dress uniforms* and medals* were acceptable and tribal costumes* were approved for persons from the more exotic realms* of the Commonwealth,* though not for journalists, for whom tribal uniform would have included a filthy* mackintosh*

His Grace「閣下」 **Earl Marshal**「紋章院総裁」(Norfolk 公爵家の世襲で，国家の式典をつかさどる) **Her Majesty**「陛下」 **Coronation**「戴冠式」 **issued** = given out **insistently**「ぜひにもと」 **gritted**「歯ぎしりした」 **places** = seats **scribblers' lottery** 新聞雑誌関係者の間でくじ (lottery) を引いたのである。 **grubbiest** = dirtiest **pub crawlers**「パブに入りびたっている飲み助」 **Fleet Street** 新聞社の集中していた町，一般に新聞界 (人) **Dress uniforms**「礼装軍服」 **medals**「勲章」 **tribal costumes**「民族衣装」

and a gravy*-stained necktie.

The dress order* in my case was quite explicit*: white tie, tails,* top hat.* As a devotee* of Fred Astaire,* I was familiar with this get-up,* but did not own such duds* and had never worn them. No matter, haberdashery-wise* Londoners said. "Go to Mossbross."

Moss Bros.*—— or Mossbross, as it was universally known —— was the most redoubtable* rental-clothes shop in the Empire, catering to* belted* earls* and Fleet Street hacks* alike and without noticeable discrimination. For a very small sum, they provided me with a fine fit* and a splendid high silk hat.

Orders of increasing complexity, meanwhile, continued to pour in from the Earl Marshal. These dealt with such matters as which door of the Abbey to enter, when to make use of the specially installed* toilet facilities* inside the Abbey, and how to conduct myself while eating. (Discreetly.*)

My orders required me to report* at 6:30 A. M. Obediently, I arose at 4:30 in the morning and discovered a pouring rain. This was dismaying* since, staying only a half mile from the Abbey, I had decided to walk to the Coronation.

By 5:30 it was still raining fit to launch* the ark,* but I was gorgeously adorned in white tie and tails and addressing* a large breakfast. At my insistence my wife took

---

realms = regions **the Commonwealth**「英連邦」 **filthy** = dirty **mackintosh** = raincoat **gravy** [gréivi]「肉汁」 **dress order**「服装についての指示」 **explicit** = exact **tails**「燕尾服」 **top hat**「シルクハット」 **devotee** = admirer **Fred Astaire** もちろんアメリカのミュージカル俳優でダンスの名手 **get-up** = costume **duds** = clothes **haberdashery-wise**「紳士用服飾にくわしい」 **Bros.** = Brothers **redoubtable** = greatly respected **catering to** = serving **belted**「正装した」 **earls**「伯爵」 **hacks**「雑文家」 **fit**「体に合っ

snapshots of me in top hat by the breakfast dishes.

During my boyhood the men of my family rose daily at this hour to start the farm chores,* and I wanted photographic evidence that I, too, had once risen at this obscene* hour of the night to dress like Fred Astaire.

At about 6 A. M. the downpour ceased and I bolted* out of the house in bleak gray dawn, strode toward Victoria Station and turned into Victoria, the avenue leading to the Abbey. Here, for the first and only moment in my life, I suddenly discovered what it was to be a star and strut* upon a great stage.

The sidewalks were packed with humanity,* but the street was sealed* against all motor traffic. Most of the people had spent the night partying and sleeping on the sidewalks. They were drenched* and should have been miserable in their sleepless waterlogged* state, but their gravest problem seemed to be boredom.*

When a magnificently briefed* policeman, checking my assortment of* passes, opened the barrier and let me stride down the center of the thoroughfare, the crowds rose from the sidewalk and began cheering. After hours and hours of wretched waiting in the downpour, they were getting their first glimpse of the great royal occasion, and they hailed me as happily as if I had been a Knight of the Garter* in

---

た服」 **installed**「設置された」 **facilities**「設備」 **Discreetly**「思慮深く」 **report** 既出 (p.124) **dismaying** = discouraging **launch**「進水させる」 **the ark**「(ノアの) 箱船」 **addressing**「取りかかった」 **chores**「日常の仕事」 **obscene** 普通は「わいせつな」だが，ここでは「バカバカしい」 **bolted** = hurried away **strut**「気取って歩く」 **sealed**「封鎖されていた」 **humanity** 人があふれていたことを大げさに表現したもの **drenched**「ズブ濡れになっていた」 **waterlogged** = drenched **boredom**「退屈」 **briefed**「書類をかかえた」 **assortment of**「さまざまの」 **Knight of the Garter** ナイ

full regalia.*

Fortunately the deluge* did not abruptly resume* to turn my great royal moment into high comedy, and as I proceeded* up the long avenue to loud cheers and the waving of soaked newspapers I put aside timidity and here and there, in a gesture I hoped was worthy of the great Fred Astaire, I lifted my top hat and tipped* it to the crowd.

I had almost reached the Abbey before I realized what had put them in such good spirits.* There I noticed that several persons at the curb* were pointing at my hand and laughing. Then I saw the higher light.* In that hand, quite forgotten, I was lugging* my lunch of two sandwiches and an orange in a brown paper bag. The crowd loved it. Here was this regular toff* —— top hat, white tie and all, mind you,* at 6 o'clock in the morning —— and he was brown-bagging* the Coronation.

It felt quite wonderful to create such a stir with such democratic plainness, and in an uncharacteristic seizure* of stage presence* I tipped my hat again, then lifted my brown paper bag and waved it, and was washed with the sweet thunder of applause. It was a sublime* moment. The rest of the day was rather long.

—— Russell Baker

Copyright © 1981 by The New York Times Co. Reprinted with permission. Arranged with the New York Times Co. through Japan UNI Agency, Inc., Tokyo.

トの最高勲章を授けられた騎士　**regalia**「礼装」　**deluge**「豪雨」　**resume** = begin again　**proceeded** = moved forward　**tipped**「(帽子を) 持ちあげて挨拶した」　**good spirits**「上機嫌」　**curb**「歩道」　**higher light** < high light「注目の的」　**lugging** = carrying　**toff**「しゃれ着, めかし屋」(regular は complete, perfect の意)　**mind you**「いいですか, それもですよ」　**brown-bagging** 文字どおりには (戴冠式を)「茶色の袋に入れる」　**seizure**「〜に捕えられること」　**stage presence**「舞台度胸」　**sublime** = grand, magnificent

【文意を読み解く】

> (1) In the spring of 1953 I received a message from His Grace, the Duke of Norfolk, Earl Marshal of England, stating that he had been commanded by Her Majesty Queen Elizabeth II, to invite my attendance at her Coronation at the Abbey at Westminster.

stating 単に saying とか telling me というのではなく, "stating" と, いかにも重々しい言葉を使っていることに注目。

〈笑いをつかむ〉

いきなり読者の度胆を抜くような, ないしは, 思わず眉に唾をつけたくなるような話が始まる。「私」がエリザベス二世女王陛下から, ウェストミンスター寺院の戴冠式に出席するよう勅命を受けたというのだ。"His Grace" だとか "Duke of Norfolk" だとか "Earl Marshal" だとか, 特にアメリカの読者にとっては普段耳慣れないはずの, いかにも仰々しい言葉がつづく。Westminster Abbey のことを, わざわざ「Westminster 所在のかの修道院」などと言っているのも, いかにも勿体ぶった, いわくありげな言葉遣いだ。のっけから, 読者にハッタリをかけているようで, 本当のことなのだろうか, 例のベイカー得意の意表を突いたトリックではないのかと, つい疑いたくもなろうという書き出しである。

(2) Thus began my first and last participation in a royal occasion. The Queen's command to the Earl Marshal could not have been issued very insistently, and the Earl Marshal probably gritted his teeth before obeying, for seats in the Abbey were being sought almost as eagerly as places in Heaven. Nevertheless, as one of the few American journalists lucky enough to draw an invitation in the scribblers' lottery, I accepted without worrying whether they really, truly, honestly wanted me.

occasion ここでは「特別の行事, 儀式, 祭典」の意味。
could not have been…insistently つまり女王様が,「あの者にはぜひとも出席するよう願うがよい」などと, しつこく命令されたはずはない (could not)。
as eagerly as この A is as…as B の構文については, 前にも説明したとおり (p.131 参照), 二度目の "as" 以下 (B) は当然のことであり, これを基準にして A を比較している。

〈笑いをつかむ〉

 パラグラフの後半になって, ようやく事情が呑み込めてくる。実は著者は, クジ引きで出席が当たったのだ。これで, この話が単なるホラ話ではないことはわかったが, 同時にこれが, 以後, この話の「笑い」を生み出す基本的な構図を設定することにもなる。戴冠式そのものの壮麗さ, 厳粛さと, たまたまクジに当たって出席することになった

にすぎない「私」(しかもその「私」は、ただのしがないアメリカの物書きにすぎない)——この二つの極の間の、あまりにも大きな落差、ギャップが、この「語り」の笑いの震源になってゆくのだ。

ところで最後の一行、"really, truly, honestly" というたたみかけも面白い。向こう様が、「本当に、真実、衷心より」私の出席を望んでいる心配など、もちろん、そもそもあるはずがない。

---

(3) The painstaking precision with which the British prepare their great shows extended even down to the grubbiest pub crawlers of Fleet Street. The mail brought elaborate directions about how to dress. Dress uniforms and medals were acceptable and tribal costumes were approved for persons from the more exotic realms of the Commonwealth, though not for journalists, for whom tribal uniform would have included a filthy mackintosh and a gravy-stained necktie.

---

precision with which... 関係代名詞は、それでなくても厄介だが、この場合のように、前に前置詞がついていると、ことさら厄介だ。例によって**名詞を文章に読みほどき**、こう読み換えてみれば楽かもしれない。"The British prepare...with painstaking precision, and it extended..."
would have included もちろん仮定法過去完了。"if..." に相当するのは "for whom (= journalists)"。

〈笑いをつかむ〉

このパラグラフでも，前半の王命の厳粛，重厚にたいして，最後のしおたれた記者のイメージ（さながら刑事コロンボ）の生み出すコントラストがミソ。

ところで中程の "Dress uniforms" から "the Commonwealth" までは，一見普通の地の文に見えるが，実は "elaborate directions" の内容を，半分は**直接話法的手法**を使って再現している（前出 p. 19 参照）。だから "more *exotic*" などという表現も，宮廷から届いた手紙の文句をそのまま生かしたものだろう。"remote" とか "underdeveloped" とかいう代わりに，婉曲にこう表現したのである。

> (4) The dress order in my case was quite explicit: white tie, tails, top hat. As a devotee of Fred Astaire, I was familiar with this get-up, but did not own such duds and had never worn them. No matter, haberdashery-wise Londoners said. "Go to Mossbross."

quite explicit 婉曲にとは正反対に，「明らさまに，明確そのもので」。礼儀をわきまえぬアメリカ人には，はっきり教えておいてやらねばと言わんばかりに——少なくとも「私」は，指示の文面を見てそんな言外の意図を（いささかヒガミっぽく）読んだのだろう。あるいはむしろ，わざと，そうヒガんで見せているのかもしれない。

No matter It makes no matter. It doesn't matter. (It

is) no problem.
〈笑いをつかむ〉

　いかめしい指図にたいして,「私」は胸を張る。こっちにだって強い味方がいるんだぞ。だが戴冠式の本物の正装と,フレッド・アステアの,単に舞台衣装でしかない「正装」とのコントラストがまたおかしい。それに,宮廷の手紙の重々しげな文面にたいして,こちらは "get-up" とか "duds" とか,いかにも俗語的な表現をぶつけているのもまた,語り手の芸と言うべきだろう。

> (5) Moss Bros. —— or Mossbross, as it was universally known —— was the most redoubtable rental-clothes shop in the Empire, catering to belted earls and Fleet Street hacks alike and without noticeable discrimination. For a very small sum, they provided me with a fine fit and a splendid high silk hat.

For a very small sum　この "for" は "at the price of, in payment of" の意味。*Ex.* You can get a decent room at the hotel *for* £20 a day. ちなみに "sum" は「金額」。
〈笑いをつかむ〉

　「私」には,実はもう一人強い味方が現われる。貸衣装屋である。しかもこの貸衣装屋のことは,イギリス人の間でもあまねく有名で,おまけに伯爵様さえ御利用になっている所だという。一見,いかにも威厳と格式の塊みたいに見えるイギリスの上流社会も,こうしてみると,しがない記者風情と,さして変らぬという舞台裏がチラリと見えて,

おかしい。これでは「本物の」礼装も, 実はアステアの「扮装」と, 実は大した変りはないことになる。こうして「私」の「変装」も完成する。

> (6) Orders of increasing complexity, meanwhile, continued to pour in from the Earl Marshal. These dealt with such matters as which door of the Abbey to enter, when to make use of the specially installed toilet facilities inside the Abbey, and how to conduct myself while eating. (Discreetly.)

Orders…complexity この名詞句も文章に読みほどく。
→ "Orders became increasingly complex, and they…"
conduct 再帰代名詞をともなって,「立派にふるまう, お行儀よくする」(= behave oneself) の意味。

〈笑いをつかむ〉

次から次へと舞い込んでくる「紋章院総裁」からの命令は, ますます精緻の度を加える。いかにも "precise" で "elaborate" な準備ぶりをうかがわせるが, しかし同時に, 先程もチラリと垣間見えた舞台裏を, さらに明らさまにバラしてしまうことにもなる。どれほど威儀を正した貴顕淑女も, 便意をもよおすこともあれば, 空腹を覚えもする。仮設トイレの前には, おそらく長蛇の列ができるだろうし, 食事の時は思慮深く振る舞われるようにという「命令」は, まさか「私」一人のためだけの指示ではあるまい。

> (7) My orders required me to report at 6:30 A. M.

> Obediently, I arose at 4:30 in the morning and discovered a pouring rain. This was dismaying since, staying only a half mile from the Abbey, I had decided to walk to the Coronation.

My orders required me...　典型的な**無生物主語**の構文。前に説明した転換の方式 (p. 17 参照) に従えば → "According to my orders, I had to report..." ちなみに "my orders" は，もちろん，「私に対する命令」。

〈笑いをつかむ〉

　さて，いよいよ当日の朝。4時半といえば，物書きにとってはまだ真夜中だ。それでも，一世一代の晴れの列席である。歯を食いしばってそんな時間に起きてみると，なんと，ドシャ降りの雨。せっかく，会場まで歩いてゆけるようにと，近い所にホテルを取っておいたのが，逆に大変なアダになってしまった。

> (8) By 5:30 it was still raining fit to launch the ark, but I was gorgeously adorned in white tie and tails and addressing a large breakfast. At my insistence my wife took snapshots of me in top hat by the breakfast dishes.

addressing a large breakfast　"address" という動詞は，朝食にたいして使うにはいかにも大仰で，ユーモラスだ。確かにイギリスの朝食が，周知のとおりウンザリするほど重いことも事実だが，ここではむしろ，シルクハット姿で

ベーコン・エッグズにタックルしているチグハグさがミソ。

At my insistence これも文章に読みほどくと ➡ "As I insisted"

〈笑いをつかむ〉

「笑い」を生み出す要素の中でも、**誇張**はもっとも重要なテクニックのひとつだが、「ノアの箱船でも進水させることができそうな大雨」という形容など、その典型だろう。これと、シルクハットで English breakfast と格闘しているというチグハグ、おまけに、奥さんにその姿を記念写真に撮らせるという場違いが重なって、なかなか秀逸なコミック・シーンが出来あがった。

---

(9) During my boyhood the men of my family rose daily at this hour to start the farm chores, and I wanted photographic evidence that I, too, had once risen at this obscene hour of the night to dress like Fred Astaire.

---

the men of my family ここでは "men" は「人々」ではなく「男たち」。女性は、多分もっと早く起きていただろうから、「家では<u>男でも</u>毎日この時間に起きていた」ということだろう。

〈笑いをつかむ〉

なぜ写真を撮りたかったか。勤勉な家族の中で、自分一人は、物書きなどというハグレ者になってしまい、朝が遅いことにひそかに後ろめたさを感じていたから、たとえ一生に一度きり ("once") であろうと、立派に早起きした証

III 諧謔と逆説 159

拠を残しておきたかったのだという。しかしそれも，着ている服がフレッド・アステアそのままでは，ますます道化じみてしまうほかない。

ところで，ここで改めて注目しておきたいのは，こうした戯画化が，他人に向けられたものではなく，著者みずからをみずから笑うものである点だ。みずからがみずからを笑うゆとり——**ユーモア**が**ウィット**とは異なるゆえんは，まさにここにある。ウィットは他者を笑う。揶揄し，さらには諷刺する。今までも，これ以後も，このエッセイは，まさにこの意味で，ユーモアの真骨頂を体現していると言えるだろう。

> (10) At about 6 A. M. the downpour ceased and I bolted out of the house in bleak gray dawn, strode toward Victoria Station and turned into Victoria, the avenue leading to the Abbey. Here, for the first and only moment in my life, I suddenly discovered what it was to be a star and strut upon a great stage.

what it was to be... "it" は仮主語。意味上の主語は "to be...and strut"。「スターであり，舞台をのし歩くのがどんなものか」。

〈笑いをつかむ〉

三つ前の第(7)パラグラフ，いよいよ当日の夜明けになった時から，4時半とか5時半とか6時半とか，さかんに時刻のことが繰り返し現われていたことを，ここで改めて思い出しておきたい。それまでは，時刻の話など（式の始

まる予定の時間すら)一度も触れていなかった。それが今,こうして何度も繰り返されてみると,さながら宇宙船の打ち上げ前の,最後のカウント・ダウンを聞いているかのような,胸おどる切迫感が盛り上がる。時間の話は,バカバカしい時間に早起きさせられたというエピソードの,単なるギャグのためばかりではなかったのだ。作者の「語り」のテクニックはなかなか用意周到で,軽やかな内にも手が込んでいる。

さて,いよいよ晴れの大舞台の幕が上がり,アステアさながらの「私」はステージに歩み出る。

---

(11) The sidewalks were packed with humanity, but the street was sealed against all motor traffic. Most of the people had spent the night partying and sleeping on the sidewalks. They were drenched and should have been miserable in their sleepless waterlogged state, but their gravest problem seemed to be boredom.

---

partying and sleeping 文法的にいえば分詞構文。「飲んで騒いで,歩道で眠って(夜を過ごした)」。

should have been 過去の情況にたいする推量。「……だったにちがいない」。

〈笑いをつかむ〉

はたして,大観衆が待っていた。ここで "packed" という言葉を使っているのは,おそらく意図してのことだろう。よく,劇場が大入り満員になった状態を表わすのに使

う表現だからだ。*Random House Dict.* も，こんな例文を載せている。"They've had a *packed* theater for every performance." もうひとつ，群衆を "humanity" と呼んでいるのも，単に，例の大げさな表現というだけではなく，劇場の実感をうかがわせて効果的だ。舞台から観客席を見た時，お客はもう，どこの誰それといった個人の集まりではなく，さながら茫漠たる「人間」の海という実感を与えるからだ。

けれどもこの「人間」は，今は待ちくたびれて退屈していた。あの雨の中を，ビショ濡れになって歩道で一夜を明かしたのである。しかし，この「語り」の流れの中でいうと，今，「私」の前にはじめて姿を現わしたこの "humanity" は，もうひとつ大事な役割をになっている。「語り」の視野を，一挙に拡大するのである。「私」は今まで，貸衣装だとか早起きだとか，自分一人のこまごました悩みにばかりかまけていた。ところが今，この信じがたい大群衆を見て，「私」ははじめて悟る。これは，実にものすごいことなのだ。今日のこの祭典は，まさにロンドンじゅうの，いや大英帝国全体の，さらには全世界の「人類」の注目の集中している大事件なのだ。

(12) When a magnificently briefed policeman, checking my assortment of passes, opened the barrier and let me stride down the center of the thoroughfare, the crowds rose from the sidewalk and began cheering. After hours and hours of wretched waiting in the downpour, they were getting their first glimpse

of the great royal occasion, and they hailed me as happily as if I had been a Knight of the Garter in full regalia.

let me stride "let" は「させる」(make) という使役ではなく，むしろ許可，容認 (allow) を表わす。「どうぞ」と通してくれたのである。ちなみに "let 〜 in (into)" は「中に入れる，通す」の意になる。*Ex*. He *let* me *into* his study.「書斎に通してくれた」。

〈笑いをつかむ〉

このパラグラフになって，冒頭の部分で設定されたコントラスト——壮麗と卑近，厳粛と平俗という対比が，もう一度帰ってくる。警官は "*magnificently* briefed" だし，検問を通してもらうためには，大小さまざまの通行証を見せねばならない。ところが，いったんこの仕切りを通り抜けてしまうと，このコントラストは，意外や意味を逆転する。今度は，このしがない「私」自身が，"the great royal occasion" の一部となってしまうのだ。そして，あたかも盛装もあざやかなガーター勲爵士さながら，群衆の大喝采を浴びるのである。

しかし，もちろんこれは現実ではない。確かに現実ではありながら，扮装と状況が生み出したフィクションでしかない。劇場的感覚，芝居めいた雰囲気はますます高まる。だが考えてみれば，そもそも，こうした盛大な国家的式典なるもの自体，一種のお芝居にほかならないではないか。

(13) Fortunately the deluge did not abruptly resume

> to turn my great royal moment into high comedy, and as I proceeded up the long avenue to loud cheers and the waving of soaked newspapers I put aside timidity and here and there, in a gesture I hoped was worthy of the great Fred Astaire, I lifted my top hat and tipped it to the crowd.

to loud cheers この "to" は "accompanied by" の意味。
Ex. We danced *to* the sound of a guitar.
soaked newspapers もちろん，昨夜からの雨で，群衆の打ち振る新聞紙はグショグショだったのである。
a gesture worthy ... Astaire 「かりに，かの偉大なるフレッド・アステアがやったとしても，その名を恥ずかしめないであろう動作」，というほどの意。

〈笑いをつかむ〉

いよいよクライマックスだ。さいわい雨まで「私」に味方して，せっかくのハイライトを台無しにすることもない。「私」は今や，かの偉大なるアステアの分身，というより，アステアその人と一体化する。

> (14) I had almost reached the Abbey before I realized what had put them in such good spirits. There I noticed that several persons at the curb were pointing at my hand and laughing. Then I saw the higher light. In that hand, quite forgotten, I was lugging my lunch of two sandwiches and an orange in a brown paper bag. The crowd loved it. Here was

> this regular toff —— top hat, white tie and all, mind you, at 6 o'clock in the morning —— and he was brown-bagging the Coronation.

before... 「……する前に」と考えたのではわからなくなる。前から順に，"and then,..." と考えればいい。

what had put them これも，"what" を主語とした**無生物主語の構文**。例によって変換すれば → "why they had been put in such good spirits," あるいは "why they had become so good-spirited"

the higher light 「私」自身よりも，もっと注目を集めている肝心の物。

and all and all that, and so forth「その他もろもろ，……やら何やら，……などなど」。

〈笑いをつかむ〉

最大のクライマックスの後に，最大の**アンチクライマックス**，ドンデン返し，オチが来る。これもまた，「笑い」の最大の技巧のひとつだ。大観衆を沸かせていたのは，寸分の隙もない盛装に身を固めた「私」ではなく，なんと，手に持っていた茶色の紙袋だったとは！

> (15) It felt quite wonderful to create such a stir with such democratic plainness, and in an uncharacteristic seizure of stage presence I tipped my hat again, then lifted my brown paper bag and waved it, and was washed with the sweet thunder of applause. It was a sublime moment. The rest of the day was

> rather long.

It felt...wonderful 物を主語とした feel の使い方については，前出 p.122 脚注を参照。

plainness magnificence とか grandeur とかとは正反対の「平明，平俗，卑近さ」。

seizure of stage presence これも文章に読みほどく。→ "(I was) seized with stage presence." なお "uncharacteristic" は，「普段の私らしくもない，私としてはめずらしい」の意。

〈笑いをつかむ〉

だがこのエッセイは，単なるオチで終りはしない。その先に，もうひとつドンデン返しが待っている。「私」は，アンチクライマックスにガックリするどころか，逆に，この思わざる発見こそ，実にすばらしいと感じる。「私」はまさに，民主主義の国たるアメリカの市民ではないか。身分や家柄や財産を誇るお偉方どころか，一介のしがない物書き，まさしく "plainness" そのものの一介の平民ではないか。「私」は改めて茶色の紙袋を，さながら星条旗のごとく高く，誇らしげに掲げ，大観衆の嵐のような喝采を浴びる。

「私」はいわば「民主主義万歳」を訴えたのであり，観衆もまた，それに歓呼して応えてくれたのである。ただの，普通の，一介の人間同士として，心と心が通じたのだ。もう芝居も現実もない。威厳と卑近の垣根もない。この至高の瞬間にくらべれば，その後の長い一日の盛儀のほうこそ，少なくとも「私」にとっては，それこそ退屈なアンチクラ

イマックスでしかなかったのだ。

【全体を振り返る】

このエッセイ全体の構成については，すでに途中でも何度か触れたが，ここで改めて整理しておくことにしよう。

これもまたひとつの「語り」である以上，長距離運転手の話や「退職記念パーティー」と同じように，基本的な流れを作りあげているのは，やはり時間の経過である。つまり，例えば旅の始まり，旅の途中，そして旅の終りという時間の流れ，あるいはパーティーが始まり，スピーチがあり，そしてパーティーが終るという時間の経過が，それぞれのエッセイの基本的な枠組となっていたのと同様，今度のこの「勅命を拝受して」でも，戴冠式という目標点にむかって，まず宮廷から通知が届き，さまざまの準備を整え，やがて式の当日が来て，いよいよ式場に向かうまでの時間の流れが，「語り」の基本的な流れと重なりあっているわけだ。ただし，もちろん，ここでは戴冠式そのもののことは語らない。あるいはむしろ，わずかに最後の1行，「その後の一日は長かった」だけで片づけている。この皮肉な終り方自体，このエッセイの大事なポイントのひとつであることは，もちろん，今さら言うまでもないことだろう。

けれども「語り」には，この時間の流れという，いわばヨコ軸の基線のほかに，このヨコ軸と交差する，もうひとつの構成要素の加わっている場合が多い。つまり，タテ軸である。大まかに言うなら，時間の経過にともなって起こっている事柄にたいして，語り手が抱く印象，内省，感懐といった要素だ。もう少し具体的に言うと，例えば「退職

記念パーティー」なら，タテ軸を構成するのは，仕事と家庭とか，父と息子とかいう，たがいに対立する立場，価値観の形作る軸だった。今度の場合は，このタテ軸の役割と意味とは，もう少し大きく，かつ，もう少し複雑な形を取っているように思える。すでに触れたとおり，厳粛と卑近，壮麗と平俗といったコントラストがそれである。ただし，これはただ固定した，不動の軸として設定されているのではない。「語り」の展開にともなって，微妙に揺らぎ始め，変化を見せ，ついには崩れ，ないしは逆転してしまう。このことが，この「語り」の面白さを形作ってゆくのだ。

このタテ軸，厳粛と平俗とのコントラストは，すでに述べたとおり，最初の二つのパラグラフで明快に設定される。あちらは，畏れ多くも女王陛下を頂点とし，紋章院総裁ノーフォーク公爵閣下をはじめとする貴顕貴婦人のお歴々，それにたいして，こちらはしがないアメリカ人，しかも刑事コロンボさながらの，ヨレヨレの三文文士。

ところが第(5)，第(6)のパラグラフにさしかかると，このコントラスト，動かざること巌のごとくにも見えたこの区別が，今やいささか揺らぎ始める。威厳あふれる伯爵閣下も，実は貸衣装屋のお世話になっているというし，逆にしがない三文文士も，同じ貸衣装屋の手を借りれば，寸分の隙もない紳士に変身することができるのだ。それにまた，便意や尿意をもよおす点では，由緒正しい貴婦人方もブンヤ風情も，少しも変るところはない。

ところで，時間の経過というヨコ軸から見れば，この第(6)パラグラフあたりまでが，式典のための準備の段階という，第一の段階に当たるだろう。劇の上演にたとえて言

うなら、つまりは稽古の期間である。そして次の(7), (8), (9)の3パラグラフは、当日の早朝という、第二の段階に入る。芝居で言えば、幕があく直前、楽屋で待機している時間に当たるとでも言えるだろうか。だがこの段階では、厳粛と平俗との対比というタテ軸のほうは、しばらく表面からは姿を消す。今度は音楽にたとえるなら、いわば間奏曲である。

さて、次の第(10)のパラグラフに入って、「私」は、いよいよ舞台へ歩み出てゆく。そして、ここでふたたびタテ軸が強力に前面に押し出してくる——というより、むしろ意外な急展開を見せ始める。貸衣装のおかげで、かりそめに身をやつした「私」の変身が、群衆を前にした時、現実の変身として完成し、「私」は今や、「私」とは対極にあったはずの華麗、荘重な盛儀の一部と化してゆくのだ。

しかし、もちろん、「語り」はここで終るのではない。すでに述べたとおり、(14)のパラグラフではアンチクライマックスがあり、最後のパラグラフではさらに、このアンチクライマックスをもう一度ひっくり返して、本当のクライマックスが来てはじめて終る。

だが、ここで注目しておきたいのは、先程から追ってきた厳粛と平俗のコントラストというタテ軸のほかに、このエッセイには、実はもうひとつ、いわば、これを補完する補助線、というより、むしろ、これとさらに立体的に交差するもうひとつの軸線として、フレッド・アステアの体現している扮装、演技、さらにはパフォーマンスというモチーフが仕込まれていることだ。

このモチーフは、すでに第(4)パラグラフから顔を出し

ていたものだが，最後のクライマックス，これに続くアンチクライマックス，さらに，これを乗り越えて本当のクライマックスに達する部分で，強烈に前面に躍り出てくる。これこそまさに，最後の最後にドンデン返しを可能にしたものにほかならない。「扮装」によって「変身」したフィクションとしての「私」が，紙袋を高く掲げるという「演技」によって，はじめて群衆との共感が，喝采と大歓声のうちに成立するのだ。

この意味からすれば，アステア・シンボルが訴えていたものは，単にアステアの体現するアメリカ的，民衆的な価値観であるばかりではなく，むしろエンターテインメント，パフォーマンス，劇という表現形式，さらにはひろく，芸術によるコミュニケーションというもの一般の，いわばエッセンスだったと見ることさえできるのかもしれない。

【全文を訳してみる】

「勅命を拝受して」

1953年の春，英国紋章院総裁ノーフォーク公爵閣下から，厳粛なる通知が届いた。畏れ多くも女王エリザベス二世陛下より，ウェストミンスター所在の修道院において行なわれる陛下の戴冠の盛典に，貴下の御出席を願うよう御下命があったというのである。

かくして私の，生涯最初にして最後の王室行事参列が始まった。女王陛下は紋章院総裁にたいして，是が非でもあの方には出席を懇願せよと命じられたはずはなかったし，総裁は総裁で，無念の思いやる方なく勅命に従ったのに相違ない。それというのも戴冠式の座席はまさに，天国に居

場所を求めるのに劣らぬほど、人々の垂涎の的となっていたからである。とはいえ、ジャーナリズム関係者の間で行なわれた抽せんに首尾よく当たり、幸運にも出席の機会に恵まれた少数のアメリカ人の一人として、私は躊躇なく招待を受けることを決意した。あちら様が真実、衷心より、誠心誠意、私の出席を望んでおられるかどうかなど、気にしないことに決めたのである。

イギリス国民が、この世紀の大祭典の準備に傾注した努力たるや、まさに細心厳密をきわめていて、新聞街のパブの不潔この上ない常連たる私にたいしてまで、いささかの遺漏の余地も残さなかった。郵送されてきた通知には、服装に関して精細な指示の数々が誌されている。礼装軍服および勲章の類は容認さるべく、また英連邦諸国のうち、比較的遠隔、かつ異国的なる諸地方よりの出席者に関しては、民族衣装の着用も是認される。とはいえ、まさかジャーナリストの場合はそうはゆくまい。ジャーナリストの部族衣装となれば、ヨレヨレのレインコート、および肉汁のシミで汚れたネクタイということになるだろうからだ。

私の場合、服装の指定はことさら明らさまだった。白の蝶ネクタイ、燕尾服、そしてシルク・ハットである。フレッド・アステアの熱烈なるファンたる私には、こんなダンディーないでたちも実はおなじみだったが、しかし自分では、そんな服は持ち合わせなどなかったし、ましてや身につけたことなど一度もない。そんなこと、問題じゃないと、礼装にくわしいロンドンの友人は言う。「モス・ブラスへ行けばいい」。

「モス・ブラス」とは（本当は「モス・ブラザーズ商店」

III 諧謔と逆説・171

だが、あまねく「モス・ブラス」で通っているらしい)、ロンドンばかりか、大英帝国随一の盛名を誇る貸衣装屋で、しかも、相手が正装した伯爵様であろうと、ないしは新聞街の雑文屋であろうと平等に御用を勤め、少なくとも見た目には、なんの差別もしないという。ごく僅かな金額で、ぴったり体に合った礼服と、みごとなシルク・ハットを用意してくれたのだった。

その間も、紋章院総裁からは次々と指示の手紙が舞い込み、しかもその指示がまた、ますます精緻の度を加えてくる。例えば、ウェストミンスター・アベイのどの入口から入場すべきか、寺院内に特に今回設置される化粧室の設備は、いついかなる時に利用すべきか、さらにはまた、飲食に際してはいかに身を処すべきか等々(ちなみに飲食に関しては、「思慮深く、控え目に」とある)。

指令によれば、私は午前6時30分までに到着を終えていなくてはならない。否の応のと言えるような場合ではないから、4時半に起きてみると、なんと、ドシャ降りの雨ではないか。これにはまいった。というのも、式場に近い所がよかろうと、ウェストミンスター・アベイから半マイルほどのホテルに泊まり、当日は歩いて出かけることに決めていたからである。

5時半。まだドシャ降りが続いている。ノアの箱船でも浮かびそうな大雨だ。それでも私は白の蝶タイ、燕尾服に身を飾り、厖大な朝食に着手していた。私のたっての頼みに、妻は、シルク・ハット姿で朝食のテーブルにすわった私の姿をカメラに収める。

子供の頃は、家では男たちも毎日この時間には起き出し

て，農場の仕事に取りかかっていたものだった。そこで私も，せめて生涯に一度くらいは，まだ夜も明けぬこんなとんでもない時間に起き出し，フレッド・アステア然たる衣装を着用に及んだことを，写真に撮って証拠に残しておきたかったのだ。

6時頃になってドシャ降りはやみ，寒々とした夜明けの薄明りの中を，私はホテルを飛び出し，ヴィクトリア駅に向かって歩いた。そこから今度は，ウェストミンスター・アベイに続くヴィクトリア通りへと角を曲がる。その時，生まれてはじめて，しかも生涯にただ一度だけ，突然実感したのである，スターとなって大舞台を闊歩するとは，まさにこういうものなのかと。

歩道には人，人，人があふれている。さながら人間の大海だ。しかし車の交通は一切遮断されている。ほとんどの人は，ゆうべは飲んで騒いで一夜を明かし，歩道の上で眠ったらしい。みんな全身ズブ濡れで，こんな水びたしのままロクに寝てないのでは，さぞかしみじめな思いをしていたに違いない。だが，目下の最大の不幸は，むしろ退屈という代物だったようだ。

列席者の名簿やら指令書やら，重々しげな書類をかかえた警官が待ちかまえている。大小あれこれの通行証を取りそろえて差し出すと，警官はいちいちチェックし，通行止めの柵を開いて通してくれた。さて，大通りの真ん中を，やおら私が歩きだしたその時，歩道を埋めた大群衆が立ちあがり，私にむかって大歓声をあげ始めた。何時間も何時間も，ドシャ降りの雨の中を，みじめにも待ちくたびれた後に今，ようやくにして，盛大をきわめる王室の大祭典の，

III 諧謔と逆説　173

その最初の先触れをはじめて目にすることができたのだ。群衆は嬉々として，さながら私が，全身正装に威儀を正したガーター勲爵士でもあるかのごとく歓声をあげ，拍手喝采を送っているのだ。

　幸いなことに，ドシャ降りがまた急に始まることもなく，私のこの一世一代の晴れ姿を，道化芝居に一転させることもなかった。大歓声に迎えられ，グショグショの新聞紙の打ち振られる中，長い大通りを歩みながら，私は生来の気弱さを振りはらい，少なくとも私自身のつもりとしては，かの偉大なるフレッド・アステアばりのイキな身ぶりで，シルク・ハットを片手に掲げ，群衆の歓呼に応えた。

　もうすぐウェストミンスター・アベイに着く所まで来た時，はじめて私は気がついたのだ。群衆は何でそんなに喜んでいるのか。歩道に立っている人波の中に，私の手を指さして笑っている者がいるではないか。そこで私も悟ったのだ。みんなが注目しているのは，実は私自身ではない。注目の的はほかにある。私は片手に，すっかり忘れてしまっていたが，昼食用にサンドイッチ2個，それにオレンジをひとつ，茶色の紙袋に入れて握りしめていたのである。群衆が気にいったのは，実はこれだったのだ。シルク・ハットに白の蝶タイ，その他もろもろ，それもしかも，朝の6時だというのに，完璧にめかしこんでいながら，手には茶色の紙袋をブラさげて，戴冠式に向かっているとは！

　これほど庶民的で，これほど平俗そのものの小道具によって，これほどの騒ぎを巻き起こしたとは，実にすばらしいことではないか。いつもの自分にも似ず，すっかり舞台度胸のすわった私は，もう一度帽子を振り，茶色の紙袋を

高々と掲げて打ち振った。そして，甘美な喝采の嵐を身に浴びた。これこそ至高の瞬間だった。その後の一日は，いささか長く退屈だった。

Cigar-Smoke Science

Two leading Congressional scientists,* Senator Helms and Representative Hyde,* have been doing pioneer research in the nature of life. This has produced the Helms-Hyde theory which states that scientific fact can be established by a majority vote of the United States Congress.

Unfortunately, Doctors Hyde and Helms appear to be timid about pressing* their theory to its limits. Is there any earthly* reason, for example, why Congress should not pass a law declaring that 7 times 9 is 67?

For years we have had a barrage* of propaganda calculated* to make us believe that 7 times 9 is actually 63. Forty years of coping with* the nine-times table* has left me unpersuaded. When a pedagogue* pounces* out of the shadows demanding to know, "How much is 7 times 9?" I instinctively reply, "67." "Wrong," he says, "it's 63."

My proposal, long ignored in Washington, is that Congress pass a law declaring that 7 times 9 is 67 and specifying* that severe penalties be* imposed for pedagogues who hold* otherwise.

Professors Hyde and Helms are moving toward my point of view, but only very gingerly.* At present they would

---

Congressional scientists 別に「議会科学」などというものがあるわけではない。中絶反対論を，科学上の新説と見立てたウィット　**Helms...Hyde** 共和党上院議員 Jesse Helms と同下院議員 Henry Hyde。妊娠中絶を禁ずる法案 Helms-Hyde bill を提案。人間の生命は受精 (conception) と同時に始まると規定。**pressing** = urging　**earthly**（強調）　**barrage**「弾幕射撃」　**calculated** = intended　**coping with** = dealing with　**nine-times table**「九九の表」　**pedagogue** = a (pedantic) teacher　**pounces**「跳び出してくる」　**specifying** = stating definitely　**be** 仮定法現在 (= should be) 前行の pass

apply Congress's power to legislate* scientific fact only to issues on which scientists themselves are in a muddle.* Specifically, they propose a bill under which Congress would solve the knotty* question of life's origin by voting that life begins at the moment of conception.

These pioneers of new scientific method deserve a salute* for trying to solve this troublesome question with a democratic show of hands.* Nevertheless, the slightest reflection will show how absurdly* wrong they are in asking Congressional science to discover that life begins at conception.

The scientific fact —— and I urge the professors to amend* their bill to recognize it —— is that life begins long before conception. The flaw* in the Helms-Hyde hypothesis* results from their myopic* concentration on the parents of the impending* child.

In their view, one male and one female participate in a biological transaction and, presto!,* life begins with nine months of citizenship in the womb followed by an indeterminate* term* of exterior activity. If, dear reader, you ponder* your own existence for a moment, you will see how short-sighted this view actually is.

Are you here solely* because of two parents? Of course not. Each of those parents required two parents, which is why you have four grandparents. To obtain the necessary

---

も同じ **hold** = think, **gingerly** = cautiously **legislate** = make laws **muddle** = confusion, disorder **knotty** = full of difficulties (knot は「結び目」) **salute** = (a sign of) respect **show of hands**「挙手(による意思表示)」 **absurdly** = ridiculously, **amend**「修正する」 **flaw** = defect **hypothesis**「仮説」 **myopic** [maiápik]「近視眼的な」 **impending**「今生まれようとしている(子供)」 **presto!**「こはいかに!」(奇術師の掛け声) **indeterminate** = not fixed, indefinite **term**「期間」 **ponder** = consider **solely** = only **in the world** = on earth (強調) **scrape up**「かき集める」

four grandparents, you needed eight great-grandparents.

And how in the world* are you going to scrape up* eight great-grandparents without the cooperation of 16 great-great-grandparents? Well, you can get 16 great-great-grandparents if you are lucky enough to have 32 great-great-great-grandparents, but of course you are not going to get 32 unless you are lucky enough to have 64 great-great-great-great-grandparents.

If you are youngish right now,* back* around the time of the American Revolution,* six generations ago, you had 64 great-great-great-great-grandparents, all of whom were engaged —— not simultaneously, of course —— in producing you. If you hadn't, you would now be in a condition of unlife.*

Is it necessary to point out that any number of* persons are at this very moment unexisting because in 1776 there were 63 people perfectly willing to cooperate in producing life by the late 20th century, but were unable to find a 64th?

In these cases, life in the 1980s failed* to begin in 1776 because one member of the 64-person committee said, "To hell with* the 1980s." If you are fortunate enough to be here, of course, it is because back around 1750 there were 128 people willing to cheer when somebody said, "Why don't* we all get to* work on* a great-great-great-great-great-grandchild?"

In legislating the beginning of life, Congress will prob-

---

right now right は強め　**back** = in the past　**the American Revolution**「アメリカ独立戦争」(1775-83)　**unlife**「生きてない状態」の意味で著者の作った造語　**any number of** 前出 p. 99 脚注参照。　**failed** 既出 (p. 41 参照)　**To hell with** = Go to hell with「〜なんかクタバレ」　**Why don't ...?** 勧誘，提案を表わす表現　**get to** = begin (to do something)　**work on** = give effort to producing　**treading on**「足を踏み入れる」　**George III** 英国王 (在位 1760-1820)　**the Declaration of Independence**「アメリカ独立宣言」

ably be unwilling to go back to 1750, since it would be treading on* the territory of King George III,* but legislating science from the date of the Declaration of Independence* is perfectly constitutional.* The obvious scientific fact, which Professors Hyde and Helms should be urging the Congress to enact,* is that life for each American begins with great-great-great-great-grandparents in the last quarter of the 18th century.

Even with this starting team, of course, the threat of unlife lurked* all along the route to 1983. I had many a narrow escape myself. One of my grandmothers, apparently* weary of birthing after ten accouchements,* paused for a terrifyingly long time before proceeding with* my father. If she had said "To hell with it," you would have to look for me out there in the unlife.

My grandmother went on to twelfth and thirteenth children, but never produced a fourteenth. Hence,* I probably have a couple of unexistent cousins, which would have sorely* irritated the 64 people who, back in 1776, started* them on the road of life.

The goal of Professors Hyde and Helms is to punish people who end life once it has started. My grandmother is beyond the power of Congress these days and, hence, cannot be clapped* in irons.* In such cases Congress may have to pass resolutions of censure.*

—— Russell Baker

Copyright © 1981 by The New York Times Co. Reprinted with permission. Arranged with the New York Times Co. through Japan UNI Agency, Inc., Tokyo.

(1776年7月4日) **constitutional**「合憲である」 **enact** = pass (a law) **lurked** = stayed hidden **apparently** = as it seemed **accouchements**「出産」 **proceeding with** = continuing (after stopping) **Hence** = Therefore **sorely** = greatly **started** ここでは「出発させた」の意 **clapped** = put **irons** = chains **resolutions of censure**「譴責(けんせき)決議案」

最後の文章は，今まで読んできた7篇にくらべて，やや取っつきにくいかもしれない。ストレートな論説でも語りでもなく，ウィットと逆説，それに，いささかファンタスティックというか，グロテスクとまでは言えなくても，相当に意表をつく着想と，奔放な誇張を駆使したエッセイである。あまり生真面目に読んでいると，煙にまかれかねない。しかし反面，こうした語り口によって，はじめて効果的に提示できるような発見をはらんでいることもまた事実だ。たしか小林秀雄の言葉だったと思うが，「真理が逆説的なのではない。ただ，真理は逆説を通じてしか語りえない」というアフォリズムを，ふと思い出させるようなエッセイだとも言えようか。

 ともかくまず，例によって，パラグラフごとに，じっくり読み進んでゆくことにしよう。

【文意を読み解く】

> (1) Two leading Congressional scientists, Senator Helms and Representative Hyde, have been doing pioneer research in the nature of life. This has produced the Helms-Hyde theory which states that scientific fact can be established by a majority vote of the United States Congress.

which states この関係代名詞も，例によって接続詞を補い，"theory, *and it* states..." と読めばいい。

〈感じをつかむ〉

いきなり読者の意表をつく——というより，ほとんど人を食ったと言いたいほど逆説的な表現で始まる。まず "Congressional scientists" とあるが，脚注でも書いたとおり，もちろん Helms も Hyde も，それぞれ上院，下院の議員であって，科学者などではまったくない。それをあえて「科学者」と呼んだのは，彼らの提出した the Helms-Hyde bill が，政治本来の領域を踏み越え，すぐ後の文章にあるように，客観的，科学的な事実すら，議会の多数決で決定しようとする愚挙を犯そうとしているからだ。いかにも皮肉な，挑発的な書き出しである。

(2) Unfortunately, Doctors Hyde and Helms appear to be timid about pressing their theory to its limits. Is there any earthly reason, for example, why Congress should not pass a law declaring that 7 times 9 is 67?

earthly 脚注の説明を補足すると，疑問文，否定文を強調する表現。*Ex.* It is an invention of no *earthly* use to anyone.「誰にとっても全然なんの役にも立たない発明だ」／There is no *earthly* reason of your refusal.「君が断るなんて，まったく理由がないじゃないか」。

〈感じをつかむ〉

Hyde や Helms の説を極端にまで押し進めてみれば ("pressing their theory to its limits")，これがいかにバカげた説であるかが明らかになるだろう。この説を極端にまで

突きつめれば，9×7 = 67 だと，議会の決議で決められることになるではないか。

ちなみに，今のこの議論のように，ある命題が誤っていることを証明するために，その命題を極端にまで展開すれば，いかに不条理な結論にならざるをえないか指摘する方法がある。論理学上，「**帰謬法**」あるいは「背理法」（*reductio ad absurdum*, reduction to absurdity）と呼ぶ論法で，逆説的な表現でよく利用するテクニックのひとつだ。

> (3)　For years we have had a barrage of propaganda calculated to make us believe that 7 times 9 is actually 63. Forty years of coping with the nine-times table has left me unpersuaded. When a pedagogue pounces out of the shadows demanding to know, "How much is 7 times 9?" I instinctively reply, "67." "Wrong," he says, "it's 63."

Forty years...has left me unpersuaded. またしても**無生物主語の構文**。例によって "me" を主語にして転換すると，「40 年も九九の表と取り組んできたが，いまだに私には信じられない」。ところで persuade は，「説得する」と訳したのでは意味がズレる。persuade は，単に説得するばかりではなく，その結果，相手を説き伏せ，納得させることまで含む。だから persuaded は convinced「確信している」，unpersuaded は unconvinced の意味になる。
When a pedagogue pounces...shadows *Longman Dict. of Contemporary English* は，"pounce" を "to

make a sudden attack, usually from a hidden place" と説明, 次のような例文を与えている。"Policemen were hiding in the bank, ready to pounce on the thieves." この例文からも想像がつくように, ここは先生 (pedagogue) をあたかも警官のように見立て, 物陰 (shadows) から飛び出してきて詰問するイメージ。ちなみに *Oxford Advanced Learner's Dict.* は, "demand" を "ask for something as if one is commanding, or as if one has a right to do so" と説明している。つまり,「詰問」, ないし「訊問」だが, 警官もどきに跳び出してくる先生のイメージを思い描くのに, 的確に役に立つ説明だと思う。

〈感じをつかむ〉

先程も触れた「帰謬法」をさらに展開して, 小さなコントというか, コミック・エピソードにまで発展させて見せる。ちょっとばかりジョージ・オーウェル, スウィフト, ないしはルイス・キャロルでも連想させなくもない——と言えば褒めすぎになるだろうか。

> (4) My proposal, long ignored in Washington, is that Congress pass a law declaring that 7 times 9 is 67 and specifying that severe penalties be imposed for pedagogues who hold otherwise.

Congress pass...penalties be imposed こうした "pass" や "be" は, 提案・要求・義務などを表わす that-clause で用いる仮定法現在。アメリカ英語に多い語法で, イギリスでは should を入れるのが普通。*Ex.* I propose

III 諧謔と逆説 183

that the money *be* spent on library books. / The regulation is that no student *stay* out of the dormitory after midnight.

pedagogues who hold この who も接続詞＋代名詞に分解できる。 → pedagogues, *if they* hold

〈感じをつかむ〉

ここまでで，九九の表についての脱線は終る。ただし，まったく無駄な脱線ではない。単なる冗談のための冗談というのでもない。第一に，"Helms-Hyde theory" が，九九の表を議会の議決で決め，違反者には厳重な懲罰を加えようとするのと同様，いかにバカバカしいものであるかを明らかにするための「脱線」だったのだ。

第二に，実はこちらのほうがもっと大事なポイントかもしれないが，著者が，自分は九九の表がいまだに覚えられないとオドけてみせ，自分から道化役を買って出ていることである。この手法は，ウィットよりむしろユーモアのスタンスに近いが，このユーモアによって，つまり，みずから愚者を演じてみせることによって，これ以後語ることを，あまり生真面目に取ってもらっては困ると，一種の予防線を張る効果も生まれている。と同時に，著者は，かならずしも真っ向から，中絶反対そのものに異議を唱えようとしているのではないことを，あらかじめ読者に暗示しているようにも思える。それどころか，後で明らかになるように，実は，政治が科学上の事実まで規定しようとする愚かしさ自体を批判しているのでさえない。著者はむしろ，"Helms-Hyde theory" に隠れている，意外な盲点をつこうとしているのだ。

> (5) Professors Hyde and Helms are moving toward my point of view, but only very gingerly. At present they would apply Congress's power to legislate scientific fact only to issues on which scientists themselves are in a muddle. Specifically, they propose a bill under which Congress would solve the knotty question of life's origin by voting that life begins at the moment of conception.

Professors もちろん，最初に出てきた "scientists" と同様，議員を学者と見立ててこう呼んだのである。

they would apply... この "would" は，元来は仮定法ではあるけれども，現在の願望を表わす (= wish to)。

issues on which この関係代名詞にも接続詞を補ってみよう。→ "*when* scientists...muddle on *them*"

a bill under which この "which" も接続詞と代名詞に分解できるが，多少の工夫が必要かもしれない。次に "would" が来ることを考慮に入れて，"if..." という形に読み解いてみればどうか。→ "propose a bill, and *if* the bill were passed, Congress would solve..."

the moment of conception "conception" そのものは「受胎する (conceive) こと」だが，その「瞬間」とあるところからすれば，脚注の冒頭にも書いたとおり，むしろ「受精」と訳したほうが適当かもしれない。

〈流れをつかむ〉

さて，一見「脱線」あるいは「冗談」に見える前置きを

終えて，ここからいよいよ本題に入り，「ヘルムズ゠ハイド法案」の内容を改めて，多少くわしく紹介している。

> (6) These pioneers of new scientific method deserve a salute for trying to solve this troublesome question with a democratic show of hands. Nevertheless, the slightest reflection will show how absurdly wrong they are in asking Congressional science to discover that life begins at conception.

the slightest reflection will show …　これも典型的な**無生物主語の構文**（目的語は人間ではなく，"how" 以下の名詞節になっているが，その内容は "how they are wrong" という，人間にかかわる事柄である点に変りはない）。例のごとく転換すれば，「ほんのわずかでも考え直してみれば，彼らがいかにバカバカしくも愚かであるか，ただちに明らかになるはずだ」。ちなみに "the slightest" という最上級は，英文解釈でいう「even を補ってやるべき場合」。

〈感じをつかむ〉

「この二人の先駆者は敬意を捧げるに値する」というのは，もちろん痛烈な反語である。彼らの「功績」とは実は，科学的事実を多数決で決めるという，およそバカバカしい方法論にあるからだ。同じように後半の文章でも，議会に科学上の発見を求めるという点に関しては，確かに著者のいうとおり，いかにもバカバカしい誤りに違いない。だがしかし，その「発見」の内容自体——「生命は受精と同時に始まる」という考え方そのものは，はたしてそれほどバ

カバカしいと言えるのかどうか。つまり，たとえ方法論はバカバカしくとも，結論自体は正しいのではないか——読者は，おそらくそう考えるのではあるまいか。しかし実は，読者にそう思わせるところが著者の狙い，いわば引っかけなのである。

> (7) The scientific fact —— and I urge the professors to amend their bill to recognize it —— is that life begins long before conception. The flaw in the Helms-Hyde hypothesis results from their myopic concentration on the parents of the impending child.

recognize 結果的には，「認める」という訳語で通用するかもしれないが，その意味内容を，もう一度突っこんで吟味しておくべきかもしれない。*OALD* (*Oxford Advanced Learner's Dictionary*) は，この例のような用法の意味を，次のように定義している。"be willing to accept something as valid or genuine; approve" ——つまり「正しいと認める」，要するに「是認する」のだ。

〈感じをつかむ〉

著者は言う，生命は受精のはるか前から始まっているのだ，ヘルムズ゠ハイド説はあまりに近視眼的すぎると。しかしそう言われても，読者にはまだ，著者が何を言わんとしているのか，見当がつかない——どころか，むしろキツネにつままれたような気分になるのではあるまいか。著者が読者に引っかけた釣針は，ますます深く読者の心に食いこんでゆく。

(8) In their view, one male and one female participate in a biological transaction and, presto!, life begins with nine months of citizenship in the womb followed by an indeterminate term of exterior activity. If, dear reader, you ponder your own existence for a moment, you will see how short-sighted this view actually is.

a biological transaction　性的な交渉のことを，あえて「生物学的取引き」などと呼んだのは，もちろん，科学的叙述をまねて，学問的めかした表現を取ったのである。

citizenship in the womb　もし法律上，生命は受精と同時に存在を始めると規定されるのなら，胎児もまた，誕生後の人間同様，アメリカ国民として法的資格をもつはずだ——そんな意味を込めて，あえて "citizenship" という言葉を使って見せたのだろう。なおアメリカの場合，"a citizen" は「国民」の意味（前出 p.78 参照）。

followed by　日本語で「続く」といえば自動詞だが，英語の follow は他動詞としても使う。"in the womb, *and then comes* an indeterminate…" とでも読み換えてみればいい。

exterior activity　"in the womb" に対して，「体外における活動」と言ったのだろう。要するに，社会における一般的な活動。

〈感じをつかむ〉

　読者にたいする引っかけ，ないし挑発はなおも続く。科

学的, 学問的文体, あるいは法律用語を故意に真似して茶化す手法, 要するにパロディーないしパスティーシュ (pastiche) の手法 (これもウィティシズムの常套手段のひとつ) もそれだが, さらに挑発は顕在化し, "dear reader" と, ジカに読者に呼びかけ, "*you* ponder *your* own existence…*you* will see" と, さかんに "you" をたたみかけて読者に迫る。しかし, そう問いつめられても, おそらく読者にはまだ, 何を問いつめられているのか, 皆目わからないのではあるまいか。

> (9) Are you here solely because of two parents? Of course not. Each of those parents required two parents, which is why you have four grandparents. To obtain the necessary four grandparents, you needed eight great-grandparents.

those parents required 無生物主語の構文でないことはもちろんだが, 同じ転換の方法が応用できる。「両親が存在するためには, 二組の両親が必要だった」。

which is… "which" は特定の先行詞ではなく, 前文の内容全体を受ける。

〈感じをつかむ〉

さんざん読者を引きずり回しておいた後, ここではじめて, 著者の真意を持ち出してくる。ただし, 話が急に真面目になるというのではない。相変らず, 学問的文体のパロディーは続いている。"which is why you have four grandparents" という表現, あるいは特に "To obtain the necessary four grandparents, you needed..." といった表現は，まるで数学か物理の証明の説明を聞いてでもいるかのようで，思わず笑ってしまう。というのも，本来ならば，時間的にも論理的にも，曾祖父母がいてはじめて祖父母が生まれ，祖父母がいてはじめて父母は生まれるはずであるのに，ここではこの順序を逆転し，現在から出発して，今あなたがいるためには両親が必要であり，両親が存在するためには祖父母が必要であり……と，時間と論理を逆行する非論理を，一見論理的に展開してみせるからだ。にもかかわらずこの「非論理」は，読者の意表をついて持ち出されてくるだけに，しかも笑いをともなっているだけに，かえってそれだけ説得力を増しているのではあるまいか。まさに逆説の力である。

> (10) And how in the world are you going to scrape up eight great-grandparents without the cooperation of 16 great-great-grandparents? Well, you can get 16 great-great-grandparents if you are lucky enough to have 32 great-great-great-grandparents, but of course you are not going to get 32 unless you are lucky enough to have 64 great-great-great-great-grandparents.

are you going to scrape up be going to という表現は，単に近い未来のことを表わすばかりではなく，主語（あるいは話者）の意図，ないしは，話者の主観的判断を暗示する場合も多い。*Ex.* Where *are* you *going to* spend the vacation ?「どこで休暇を過ごす<u>つもり</u>ですか」(意志) ／ You'd better take an umbrella with you. It*'s going to* rain before evening.「夕方までには雨になり<u>そうだ</u>」(判断)。本文の場合は,「どこで集める<u>つもり</u>か」と考えていいだろう。このパラグラフの最後の文にも, "you *are* not *going to* get 32" とあるが, こちらは「得ることはでき<u>そうにもない</u>」と考えてよさそうだ。

without the cooperation... A without B は,「B なしで A」と考えるとわかりにくい。「A であれば (A のためには), 必ず B になる (B が必要だ)」のように考えるといい。最後の文に出る "**unless**" も, やはり前から順に読み下してゆくべきだろう。

〈感じをつかむ〉

著者の「非論理」の展開はさらに続く。第(2)のパラグラフでもやったとおり, まさに「帰謬法」的に, 論理を極端にまであえて推し進めてゆこうとするのだ。同時にまた, 先祖の数を 8 から 16 へ, 16 から 32, 32 から 64 へと倍々にしてたたみかけ, "great-grandparents" の "great" を, 次から次へとひとつずつ積み重ねてゆくという手法も, この「非論理」の論理性をコミカルに積みあげてゆく効果を大いにあげている。

(11) If you are youngish right now, back around the time of the American Revolution, six generations ago, you had 64 great-great-great-great-grand-parents, all of whom were engaged —— not simultaneously, of course —— in producing you. If you

> hadn't, you would now be in a condition of unlife.

youngish -ish という語尾は，名詞につけて「〜に属する」の意を表わす場合 (English, British, Spanish など)，「〜に似た，〜じみた」の意味の形容詞を作る場合 (boyish, babyish, bookish など)，あるいは形容詞につけて「〜がかった」の意味になる場合 (brownish, reddish, oldish) などがあるが，名詞につけた場合，悪いニュアンスを持つことが多い。「〜に似た」の意味を表わす語尾には，ほかに -like, -ly などがあるが，これらはいいニュアンスを持つことが多いのと対照的だ。*Ex.* childish「子供じみた，幼稚な」, childlike「子供らしい，純真な」／womanish「めめしい，めそめそした」, womanly「女らしい，やさしい」。

〈流れをつかむ〉

　第(9)パラグラフから続いた過去（祖先）への遡行は，ここでひとまず一段落する。要するに，約200年前の64人の先祖がいなければ，今のあなたは存在しなかったというのである。それにしても, "not simultaneously, of course" という挿入句には，つい笑ってしまわざるをえない。もちろん，6世代にわたる64人の御先祖様が，今の私を産み出す事業に「同時に」精を出しているなどという光景は，想像すること自体が無意味なノンセンスでしかないし，わざわざ「同時にではない」などと断る必要のないこともまた言うまでもない。それをあえて，わざわざ断って見せたところがミソ。

> (12) Is it necessary to point out that any number of persons are at this very moment unexisting because in 1776 there were 63 people perfectly willing to cooperate in producing life by the late 20th century, but were unable to find a 64th?

any number of 「いくつ，いくつと数えられないほど多い」の意。*Ex.* I've told you any number of times to keep the door shut.「ドアをちゃんと閉めときなさいと，いつもそう言ってるじゃないか。何度言えばわかるんだ」。

are...unexisting "exist" はもちろん動作を表わすのではなく，典型的に状態を表わす動詞だから，普通は**進行形**を取らない。それをあえて進行形にしているのは，やはり強調のためだろう。

1776 もちろん，脚注でも書いたとおり，アメリカ独立宣言の行なわれた年。

〈流れをつかむ〉

このパラグラフから，論旨の流れが少し変わる。(9)から(11)までのパラグラフでは，現在の「あなた」が存在するためには，過去6世代の祖先の存在することが不可欠だったことを述べた。この(12)と次の(13)の二つのパラグラフでは，同じ論点を，今度は逆の視角から裏打ちし，補強する。つまり，例えば1776年当時，いるべきはずの64人の先祖のうち，たった一人でも欠けていたら，いったい何人のアメリカ人が，今は存在しなかっただろうと論ずるのだ。

III 諸論と逆説 193

(13) In these cases, life in the 1980s failed to begin in 1776 because one member of the 64-person committee said, "To hell with the 1980s." If you are fortunate enough to be here, of course, it is because back around 1750 there were 128 people willing to cheer when somebody said, "Why don't we all get to work on a great-great-great-great-great-grandchild ?"

the 64-person committee　もちろん，歴史上そんな「委員会」など存在しない。議会の同種の委員会をなぞって，著者がユーモラスにデッチあげたのである。

to be here　いうまでもなく，to be living now (today) の意味。

〈感じをつかむ〉

学術論文めかした文章の中に，突然 "To hell with the 1980s."「1980年代なんぞクソくらえ」などという，とんでもない俗語が飛び出してくる場違いさ。これもまた，喜劇的効果をあげる常套手段のひとつだ。

もうひとつ，著者の主張を述べる本体の部分はここで終り，次のパラグラフは結論の段階に入ることになるが，本論の最後をもう一段盛りあげるために，著者は多少の技巧を用いている。第一に，今まで過去に遡る上限は1776年，独立宣言の時期だったのに，ここで急に1750年と，さらにもう一世代前まで上限を繰りあげる。それにともなって，今まで四つ重ねていた "great" を，さらにもう1個加えて "great-great-great-great-great-grandchild" にしてい

るばかりか，当時の128人の祖先たちが，20世紀末の子孫を産むべく奮闘しようという提案に，歓声をあげて賛意を表したという，おかしくもまた，一種感動的な場面を描き出してみせる。もちろん，これはノンセンスだ。この64組のカップルは，当時はおたがいに見も知らぬ間柄だったはずであり，一堂に会したはずなど当然ありえないからである。確かにバカバカしい話だ。ノンセンスであるどころか，ほとんどグロテスクなファンタジーとすら言えるかもしれない。にもかかわらず，あるいはむしろ，それゆえにこそ，今生きているアメリカ人一人一人の背後には，建国以来，脈々として絶えることなく流れつづけてきた生命の大河があり，しかもそれは，単なる自然現象などではなく，その中で生きた一人一人の人間の，あくまでも自発的な意志によって成就してきたものであることを，逆説と笑いを通じて，滑稽にもまた強力に訴えることに成功しているのではあるまいか。

(14) In legislating the beginning of life, Congress will probably be unwilling to go back to 1750, since it would be treading on the territory of King George III, but legislating science from the date of the Declaration of Independence is perfectly constitutional. The obvious scientific fact, which Professors Hyde and Helms should be urging the Congress to enact, is that life for each American begins with great-great-great-great-grandparents in the last

III 諧謔と逆説　195

> quarter of the 18th century.

since ここでは，もちろん時を表わす接続詞ではなく，理由を表わす接続詞（= because）。念のため。

would be treading 最後の文にも "Hyde and Helms should be urging" とあるが，どちらの**進行形**も，やはり強調のためと考えていいだろう。

legislating science "legislating" は，"science" を修飾する現在分詞ではなく，動名詞（つまり "science" はその目的語）。「科学を立法すること，科学を法的に規定すること」。

〈流れをつかむ〉

さて，結論である。話の枕に当たる部分の後，本論に入った第(5)パラグラフに対応して，ヘルムズ，ハイド議員が議会に提出し，通過に努めるべき法案は，「生命は受精の瞬間に始まる」などというものではなく，「生命は18世紀末の25年間，われわれの曽・曽・曽・曽祖父母と共に始まる」と規定すべきであるという。

しかし，これはもちろん，普通の意味での「結論」ではない。つまり著者は，「ヘルムズ=ハイド法案」の代案として，新しい法案を提案しようなどとしているのではない。そのことは，このエッセイの冒頭で，この二人の議員たちが，科学的事実さえ議会の多数決で決定しようとしている愚かしさを，あれほど痛烈に皮肉っておきながら，その著者自身，この「結論」では，その同じ愚かしい論法をそのまま踏襲し，「生命は18世紀末に始まった」と規定する法案を提出せよなどと，それ自体としては，いかにもバカバ

カしい提案を示しているという事実からも明らかだろう。それに第一,「生命の起源」というからには,アメリカ建国の時代から始まるなどというのは,ノンセンスもいいところである。それこそアダムとイヴまで遡らなければならないはずだ。

つまり,要するにこの「結論」自体もまた,逆説の枠の中にある。著者の真意は,この逆説を通じて,はじめて強力に,新鮮に,かつ魅力的に語ることのできるメッセージにある。それが何であるかは,すぐ前のパラグラフについてのコメントですでに簡単に触れたが,くわしくは,最後にエッセイ全体を振り返ってみる時,改めて考えてみることにしよう。

> (15) Even with this starting team, of course, the threat of unlife lurked all along the route to 1983. I had many a narrow escape myself. One of my grandmothers, apparently weary of birthing after ten accouchements, paused for a terrifyingly long time before proceeding with my father. If she had said "To hell with it," you would have to look for me out there in the unlife.

this starting team 内容的に,パラグラフ(13)に出た "the 64-person committee" と同じと考えていいだろう。
many a narrow escape "many a 〜" の形はやや文語的な表現だが,単に "many" というより強い。
apparently evidently, clearly の意味で使う場合はほと

んどない（ちなみに *OALD* はこの意味は載せていない）。ほとんどは「〜らしい」の意味。*Ex.* Apparently (= I have heard that) they're getting devorced. (*OALD*)

proceeding with my father　長い間中断があった後、ようやくまた出産が始まって、私の父が産まれた、の意。なお "before" については、パラグラフ(10)に出た "without," "unless" と同様、前から順に読み下す工夫が有効だろう（p. 191 参照）。

〈流れをつかむ〉

　ここから後は、音楽でいえば「コーダ」の部分に当たると言えるだろう。つまり、主題の展開部、再現部の終った後、いわば余韻の部分となる終結部である。このエッセイそのものに関していえば、三番目のパラグラフで、いつまでたっても九九の表が覚えられないと、わざと「私」自身の個人的な事情を割り込ませていたが、今のこのパラグラフから後は、もう一度「私」自身の個人的な問題を持ち出し、今まで一般論として（あるいはむしろ、読者たる "you" に問いかける形で）述べてきたことを、「私」自身に引きつけた形で捉え直し、焦点を絞り込んで締めくくるという手法である。

　それにしても、"paused for a terrifyingly long time" の、"terrifyingly" の一語は利いている。もしもあの時おばあさんが、「もう知るもんか」と投げやりな気を起こしていたら、今の「私」はそもそも存在すらしていなかった。それを思えば、確かに「空恐ろしい」ことではないか。逆にいうなら、今「私」が現にこの世に存在しているということ自体、なんと奇跡的なことではないか。

(16) My grandmother went on to twelfth and thirteenth children, but never produced a fourteenth. Hence, I probably have a couple of unexistent cousins, which would have sorely irritated the 64 people who, back in 1776, started them on the road of life.

which would... この "which" の先行詞は何か。"unexistent cousins" なら，当然 "who" となっているはずだ。前文の内容全体と考えても，もうひとつシックリしない。結局，"the unexistence of my (possible) cousins" といった内容を指すと考えるべきだろう。

started them この "them" は誰を指すか。今度は当然 "unexistent cousins" だろう。すると，「存在しないいとこたちを命の道に送り出した」と言っていることになる。論理的にいえばノンセンスだが，逆説的表現としてはなかなか面白い。

〈感じをつかむ〉

著者の「帰謬法」的な論旨の展開は，まさにその極限にまで突きつめられる。ついに生まれることのなかった14番目の叔父さん（あるいは叔母さん）にまで思いを馳せ，現実には存在しなかった何人かのいとこの存在の可能性にまで思い至る。そこまで考え及ぶ時，今「私」がここに存在していること自体，ますます深く奇跡的な，不可思議なことと感じざるをえないのだ。

III 諧謔と逆説　199

> (17) The goal of Professors Hyde and Helms is to punish people who end life once it has started. My grandmother is beyond the power of Congress these days and, hence, cannot be clapped in irons. In such cases Congress may have to pass resolutions of censure.

once もちろん接続詞（= when, from the moment that）。
Ex. Once you show any fear, he will attack you.
Congress these days 「現代の議会」。本来は副詞である言葉が、名詞の後について形容詞の役割を果たす例はめずらしくない。*Ex.* the young couple *upstairs*「2階の若い二人」／the pavement *below*「下の舗道」／Women *today* will no longer accept such treatment.「現代の女性」。
In such cases おばあさんは、もうこの世にいないから、逮捕されることはない。「そういう場合は」の意。

〈感じをつかむ〉

　もう一度「ヘルムズ＝ハイド法案」のことを持ち出し、「私」のおばあさんの事例と対比してエッセイを締めくくる。ただ、おばあさんのような場合は、議会は「譴責決議案」でも通過させるべきかもしれない、という最後の一句は、例のノンセンスな場違いのおかしさを狙った最後のパンチだけれども、締めくくりのパンチ・ラインとしては、面白いのは確かに面白いが、正直いって、やや弱いような気がしないでもない。

【全体を振り返る】

　最初にも書いたとおり、このベイカーのエッセイは、なかなか一筋縄では読み切れなかった。少なくとも、シドニー・ハリスやボブ・グリーンとくらべると、ずっとクセのある文章だった。著者の逆説にあまり生真面目につき合っていると、鼻面を引き回されて、どこへ連れてゆかれるかわからない。うっかり舵取りをまちがえると、暗礁に乗りあげてしまう心配すらなくはなかった。その水先案内の役に立つかと思われる点については、しかし、途中でかなり念入りにコメントしてきたから、ここでもう一度繰り返す必要はないだろう。ここではむしろ、先程もちょっとお約束したとおり、こうした逆説を通じてしか効果的に伝えられない「真理」として、著者が訴えようとした本当のメッセージは何であったか、改めて確認しておきたいと思う。

　著者は別に、「ヘルムズ＝ハイド法案」に反対すること自体が目的だったわけではない。なるほどこの法案について、相当に手厳しい揶揄を加えてはいるけれども、最後まで読み通してみてわかったように、著者も結局、中絶反対運動そのものに異議を唱えているのではないのである。本来は科学的事実に属する事柄を、議会の多数決で決めようとすることにたいしてさえ、そのバカバカしさは諷刺しつつも、必ずしも全面的に否定しようとしているのではない。それというのも、法律を制定するにしろ施行するにしろ、厳密な規定を定めようとすれば、「科学的事実」の領域にまで踏み込まざるをえないからだ。現にアメリカの連邦最高裁判所は、1973年、妊娠3カ月以内なら、州によって、中絶を合法と定めてもよいと判決を下している。「ヘルム

ズ゠ハイド法案」は、中絶を禁止する憲法修正条項を可決し、この最高裁判決を無効にしようと試みているわけだが、司法にしろ立法にしろ、この問題を論ずるには、「人間の生命はいつ始まるか」という「科学的事実」の判定を、結局のところ避けて通ることはできない。

　著者が問題にするのは、だから、こうした論点そのものではない。賛成するにしろ反対するにしろ、中絶論議の前提にある生命観そのものを問題にしているのだ。人間の生命は誕生の時に始まると考えるにしろ、受精の瞬間に始まると見るにしろ、中絶をめぐる論議のほとんどは、当の両親と子供のことしか念頭に置いていない。しかし、およそ人の生命の始まりという以上、当の親にはまたその親があり、その親もまたその先の親から生まれ、そしてこの命の連鎖は、そもそもこの地上に人間が現われた瞬間にまで遡るという、この冷厳な「科学的事実」まで視野に入れなければならないはずだ。それを、まるで今現在の親と子だけが問題であるかのように論議するのは、あまりにも近視眼的な、エゴイスティックな、傲慢な態度と言うべきではないか。そんな議論は、前提そのものが間違っている。生命は、単なる政治問題、社会問題ではないことはもちろん、実は単なる「科学的事実」の域すら超えて、ひとつの畏怖すべき神秘であり、奇跡にほかならぬのではないか。

　もちろんベイカーは、こんな観念的な言い方はしていないし、そこまでストレートに言い切っているのでもない。しかし、このエッセイ全体を振り返ってみる時、著者が本当に伝えたかったメッセージを、私自身の言葉で、あえて明らかさまに言い換えれば、こういうことだと読み取れるの

ではあるまいか。少なくとも、私自身はこう読みたい。

　それなら、しかし、妙な逆説やら揶揄など持ち出さずに、もっと素直にそう主張すればいいではないか——あるいはそう疑問を抱かれるむきもあるかもしれない。しかし、まず第一に、このスタイルがベイカーの気質に即したスタイルで、もしこれを否定すれば、ライターとしてのベイカーそのものを否定することになってしまう。それにまた、まことに騒然として、時にヒステリックというに近い程カンカンガクガクの中絶論争の只中に割って入るとなれば、ただストレートに「生命の神秘」だとか「奇跡」だとか言ってみたところで、単なる道学者流の道徳論、宗教談議かとタカをくくられ、無視されてしまうのがオチだろう。よほどシャープな切り口で切り込むことが必要だ。そして実際、ベイカー得意の逆説とユーモアが、このエッセイを際立って新鮮なものとし、思いもかけない視角から、広大な生命の大河の遠望を、ある種の驚きをもって垣間見させてくれることは、やはり事実と言えるのではないかと私は思う。

【全文を訳してみる】

　「人間はいつ生まれるか」

　議会科学界の二人の指導的人物、上院議員ヘルムズ氏と下院のハイド議員は、生命の本質に関する最新の研究において先駆的役割を果たしている。この研究の成果として生まれた「ヘルムズ＝ハイド理論」によれば、科学的事実すら、議会の多数決によって決定することができるという。

　ただ、残念なことにハイド、ヘルムズ両博士は、みずからの理論をその極限まで推し進める点において、いささか

小心であるかのごとく見える。例えばである。そもそも，いかなる理由があって議会は，9×7 は 67 と宣言する法律を制定してはならぬというのか。

すでに永年にわたってわが国民は，間断ないプロパガンダの集中砲火を浴び，9×7 は実は 63 であるなどと信じ込まされてきた。かくいう私自身，40 年間九九の表と格闘してきたが，いまだに確たる自信が持てない。衒学者然たる教師が，さながら警官のごとく物陰から飛び出してきて詰問する――「9×7 はいくらか」。私は本能的に答えてしまう――「67」。「違う！」教師は言う――「63 だ」。

私はあえて提案したい。実はこの提案，ワシントンに提出したまま，すでに永らく棚ざらしにされつづけているのだが，すべからく議会は法律を制定し，「9×7 は 67 なり」と布告すべきではあるまいか。しかもその条文には明確に，もし誰かこれに異論を唱える教師があれば，厳重なる処罰を加えることを明記すべきだ。

ハイド，ヘルムズ両教授は，私の見解と同方向にむかって進みつつあるけれども，いかんせん，あまりにも慎重にすぎる。現在のところ，科学的事実を立法の対象とすべく，彼らが議会に権力を与えようとしているのは，科学者自身，意見の混乱している場合に限られている。今少しく具体的にこれを言うなら，彼らの提案しているのはただ，もしこの法案が通過した場合，生命は受精の瞬間に始まると投票によって決し，これによって生命の起源という，厄介な難題が解決を見るであろうというにすぎない。

この新しい科学的方法論の提案者には，確かに先駆者として敬意を表するに値しよう。この困難なる問題を，挙手

という，まさしく民主的な方法によって解決せんと試みているからである。しかしながら，たとえいささかでも思い直してみるならば，彼らの意見がいかにバカバカしくも誤っているか，ただちに明らかとなるであろう。なぜなら，彼らが議会科学に発見をうながしているのは，生命は受精と共に始まるという「事実」だからだ。

しかしながら，真の科学的事実は何かといえば（そして私は，両教授がこれを真実と認め，法案を修正することを強く求める者であるが），生命は受精のはるか以前から始まるという事実である。「ヘルムズ゠ハイド説」に欠陥の生じた所以(ゆえん)は，彼らが，今まさに生まれようとする赤ん坊の両親にのみ，あまりにも近視眼的に注意を集中しすぎたところにある。

彼らの見解に従えば，一人の男性と一人の女性が生物学的交渉に参加すれば，アラ不思議，たちまちにして生命が始まり，9カ月にわたり胎内で国民としての法的権利を行使した後，外界に現われ，時期は不確定ながら，活動を展開することになるという。しかし，私はあえて読者諸氏に問いたい。ほんの一瞬でもみずからの生存を沈思すれば，かかる見解が実はいかに近視眼的か，ただちに理解できるのではあるまいか。

読者が今ここにおられるのは，ただ両親だけのおかげであろうか。もちろん否だ。両親がこの世にいるためには，父親にも母親にも，それぞれ2人の両親がなくてはならない。だからこそ読者には，4人の祖父母がいるのである。さて，この4人の欠くべからざる祖父母を得んがためには，8人の曾祖父母が必要となる。

だが一体，この8人の曾祖父母を掻き集めようと思えば，16人の曾・曾祖父母の協力なしですませることが，いかにして可能であるというのか。しかして16人の曾・曾祖父母を手に入れんがためには，32人の曾・曾・曾祖父母を持つという幸運に恵まれることが不可欠である。だがもちろん，この32人を手に入れる可能性は，64人の曾・曾・曾・曾祖父母を持つという幸運にかかっている。

　読者がもし，今現在，まだ比較的若年であるとすれば，遠くアメリカ独立戦争の頃，すなわち今よりほぼ6世代前の昔，読者の64人にのぼる曾・曾・曾・曾祖父母が，ほかならぬ読者御自身をこの世に産み出す大事業に（もちろん同時にではないけれども），懸命に従事していたはずである。万が一そうでなければ，読者は今頃「非存在」の状態にいるほかなかったのだ。

　今さら指摘するまでもあるまいが，今まさにこの瞬間にも，数知れぬほどおびただしい人々が，現に非存在の状態にいるのである。1776年，63人の人々が，20世紀末に生命を残すべく協力しようと，完璧に意志の統一を実現していながら，ただ一人，64番目を見つけることに失敗したためにほかならない。

　かかる場合，1980年代の生命が，1776年に始まることができなかった理由はただひとつ，当時の64人委員会のメンバーのうち僅か一人が，「1980年代なんぞクソくらえ」とさけんだという事実につきる。もし読者が今，幸いにしてこの世に存在することができているとすれば，その原因は言うまでもなく，かつて1750年頃，128人の人々が相集い，その中の一人が，「曾・曾・曾・曾・曾孫を産

み出すために，さあ，仕事を始めようではないか」と提言したのに応え，全員が「オー」と歓声を上げたためにほかならぬ。

ただ，生命の始まりを法律によって定めるにあたって，今日の議会はおそらく，1750年まで遡ることには難色を示すであろう。そこまで遡ってしまえば，当時の英国王，ジョージ三世の領域を侵犯することになるからだ。しかし独立宣言以後のことであれば，科学的事実を法律によって定めることは完璧に合憲である。そして，歴然たる科学的事実とは（この事実こそ，ハイド，ヘルムズ両教授が議会に立法化を強力に求めるべき事実であるが），今日のアメリカ人の誰にとっても，生命の始まったのは18世紀末の4半世紀，曾・曾・曾・曾祖父母の時代であったという事実にほかならない。

だが，こうして出発したチームについてさえも，1983年に至るまでの長い，長い道程には常に，「非存在」の脅威が潜んでいたことは言を俟たない。現にこの私自身，あまたの危機をあやうく脱れてきたのだ。祖母の一人が，10度の分娩を経験した後，もう出産にはあきあきしてしまったらしく，空恐ろしいほど永い期間の休止を経て，ようやくまた出産活動を再開し，私の父を産んだのである。もし万が一この祖母が「クソくらえ」とさけんでいたならば，私を探し出すには，どこか宇宙の彼方，「非存在」の世界を探索せねばならなくなっていただろう。

この祖母は，その後さらに12人目，13番目の子供を産んだが，14番目はついに産み落とすことはなかった。従って私には，この世には存在しない・・・・いとこが二，三人はい

III 諧謔と逆説　207

るはずである。だとすれば，1776年当時，この，ついに存在するに至らなかったいとこたちを命の道に送り出した64人は，痛切に口惜しい思いをしているに相違ない。

　ハイド，ヘルムズ両教授の目標とするところは，一度生命が始まった以上，この生命を終らせた者には刑罰を加えるということにある。私の祖母には，今日の議会の権力は及ばない。従って祖母は，たとえついに14番目の子供は産まなかったとはいえ，鎖に繋がれることはない。かかる場合は，議会は譴責決議案でも通さねばならぬことになるのであろうか。

あとがき

　「ちくま新書」編集部の山本さんから，英文の読解について書いてみないかというお話をいただいた時，正直言って，最初はどうも気が進まなかった。もちろん，単なる学習参考書ではなく，あくまで一般読者を対象に，いわゆる英文解釈を一歩抜け出し，英文の内容を的確に読み取るための本を，という提案の趣旨はよくわかったし，確かに，そうした書物の必要性が大いにあることもよく理解できた。しかし，具体的にどこから何にどう手をつければいいものやら，手がかりも方法論も，まったく見当がつかなかったからである。

　けれども，考えてみれば私はもう 30 年近く，英文学を講ずるかたわら，他方ではまた英語の教師として，英文を読むことを教えてきた。そして，毎日の授業の現場で，いわゆる英文解釈と，あくまで人間の書いた文章として英語を読むこと——つまり，例えば数学の問題でも解くようにではなく，生きた人間の表現として英語の文章を読むという作業とのあいだに，実はいかに大きなギャップがあるかという事実を，いやというほど思い知らされてもきた。とすれば，まさしくそうした日常の経験に即して，別に組織立った方法論などなくても，日頃教室で話しているようなことを，そのまま書いてみてはどうだろう——というより，

もし私にこの種の本が書けるとすれば，こうするよりほかに方法はないと思い定めた。こうしてようやく，この企画をお引受けする決心がついたのである。

そこで頭に浮かんだのが，読解の材料として，アメリカの新聞・雑誌のコラムを取りあげるというアイディアだった。ここしばらく，読解の授業，それに翻訳実技の演習でコラムのエッセイを材料にし，この種の訓練のためには，長さといい内容といい表現といい，まさに理想的だと痛感していた。そこで本書でも，まず手始めに，私が実際に教室で使ったコラムを，何篇か読んでみることにした。だから，本書で取りあげたコラムの中には，大学用の英語の教科書として，すでに日本で翻刻されている文章もいくつか入っている。もちろん，そのほかにも，それぞれの著者のコラム選集から，新しく選んで加えたものも多いことは言うまでもない。翻刻のあるものについては，教科書版の編者の方々の注を参考にさせていただいた点もある。感謝の意を表しておきたい。

それにしても，英文解釈の参考書なら，それこそ掃いて捨てるほどある中に，本書のような狙いを持った書物は，かならずしも多くはない。それだけに，いわば無手勝流で，自分の経験だけを頼りに，あえて難題に突っかかったこの小さな本が，はたしてどこまで狙いを実現できているのか，どれだけ読者の実際の役に立つのかどうか，書く側としては全力を注いだつもりではあるけれども，はなはだ心許ない。今はただ，単なる決まり文句ではなく，読者の判断に俟つしかない。

そもそもの企画の段階から，全体の構成，ページの割り

つけなどはもちろん，校正，索引の作成，さらには版権の交渉に至るまで，終始よきパートナーとなってくださった山本克俊さんに，心からお礼を申し述べて筆をおく。

1995 年 7 月
安西徹雄

文庫版あとがき

　本書の親版が「ちくま新書」の一点として出版されたのは，今からもう10年以上も前のことになる。今回，思いもかけず「ちくま学芸文庫」で再刊されるという幸運に恵まれ，改版の校正刷で久しぶりに旧作を読み直してみて，あれやこれや，多少の感慨を覚えざるをえなかった。
　この本を書いたのは，実は高田馬場の駅前の，小さなビジネス・ホテルの一室にこもってのことだった。私の属している演劇集団「円」の稽古場は，今は浅草の田原町に移っているけれども，当時は西武新宿線の沼袋にあって，この本の執筆の時期はたまたま，グレアム・グリーンの小説を劇化した『叔母との旅』という芝居（小生の訳・演出）を，地方巡演で再演するために，ちょうど稽古している最中と重なっていた。その頃，私は横浜に住んでいたので，沼袋まで通うのには相当に時間がかかる。そこで，稽古場へ往復するのに便利なように，編集を担当して下さった山本さんにお願いして，高田馬場に宿を取っていただくことにしたのである。
　さてその一室に，各種の辞書やら文法書やら，大きなダンボール箱に2個分ほど資料を持ち込み，一方では稽古を続けながらではあったけれども，ほかの雑事には一切煩わされずに集中できたおかげで，実際の執筆そのものは，た

しか，1週間あまりで終ったように記憶している。もちろん，材料に使った英文は，すでに十分に読み込んであったし，書くべきことの大筋は，もう頭の中で，かなりのところまで固まってもいた。それに，推敲や補足は，当然その後で加えなくてはならなかったとはいえ，六十過ぎだった当時の私は，今から思えば，まだまだ相当に体力があったものだと，自分自身のことながら，いささか嫉ましい気がしないでもない。

　もうひとつ，今度読み返してみて感じたのは，文章をきちんと細かく読むということが，どれほど愉しいことであるかということと同時に，いかに大切であるかという思いである。少々話が飛躍するし，少しばかり大仰な言い方になってしまうけれども，振り返って考えてみると，英米の文学研究の世界では，1970年代から90年代にかけて，構造主義，記号論，ディコンストラクション，あるいは新歴史主義，カルチュラル・スタディーズ，さらにはポストモダニズム等々，いわゆる「セオリー」の数々が，それこそ一世を風靡する勢いだった。けれども，21世紀に入る頃からやや風向きが変って，「アフター・セオリー」が云々され始め，あらためてテキスト自体を精細に読み深めること，つまり，要するに「精読」の重要性を再認識する動きが，あちこちに現われ始めているように見受けられる。

　だとすれば，これはいかにも我田引水，ないしは自画自賛に類する言い草で，まこと面映ゆい限りではあるのだけれども，あえてその愚を冒していうなら，私がささやかながら本書で試みた「読み」の作業は，まったくの自己流，無手勝流，さらには行き当たりばったりの模索ではあった

としても，ひょっとすると，今もいう意味での「精読」の復権を，まさしく期せずしてではあるにしても，あるいは多少，先取りしていたのではあるまいかと，いっていえなくもないのではないか，という気がしないでもない。

　最後になってしまったが，今度の文庫化にあたって，入念に編集作業を進めてくださった筑摩書房の町田さおりさんに，親版でひとかたならぬお世話になった山本克俊さんともども，あらためて，厚くお礼を申しあげておきたい。

2007年3月
安西徹雄

事項索引

あ行

"a"が否定と結びつく　23
アンチクライマックス　165-167, 169, 170
イタリックスの用法　65
It behooves＋目的語(A)＋不定詞(B)　71, 77
引用符　42, 62
if の代用　110
ウィット　160, 180
A is as...as B の構文　131, 153

か行

諧謔　147
過去の事柄(情況)にたいする推量　60, 161
語り　97, 108, 112, 116, 117, 126, 129, 135, 161, 167-169
仮定法　23, 24
仮定法過去　80, 86
仮定法過去完了　76, 154
仮定法現在　82, 183
仮主語　160
関係代名詞　24, 25, 38, 62, 80, 81, 86, 132, 133, 140, 154, 180, 185
　接続詞を補って読む——　24, 38, 62, 80, 81, 132
関係副詞　129
感情的にコミットした重い表現　21, 137, 140
感情を表わす名詞　21
起—承—転—結　30, 31
帰謬法　182, 183, 191, 199
疑問文　54
逆説　147, 180, 199
強調の構文　16, 43, 45, 130
共感　97, 114
クライマックス　83, 164, 169, 170
繰り返しの技法　75, 82, 88, 89
形容詞　38
結論　27-32, 45, 47, 87-91
現在の願望を表わす would　185
現在の習慣、あるいは一般的傾向を表わす will　40
誇張　159, 180
語尾　56, 192
コロン　106

さ行

最上級に even を従えて理解すべき場合　81
that 節を従える形容詞　38
時間の経過を表わす接続詞　25
シドニー・ハリス　13, 38, 54
主格の that　140
主張　13, 28, 38-42, 44, 49
ジョーク　90
賞賛　114
進行形　20, 107, 114, 137, 139, 196

接続詞+代名詞 184
接続詞を補って読む関係代名詞 24, 38, 62, 80, 81, 132
説得 13
接尾語 24
セミコロン 108

た行

タイトル 90
代名詞が何を受けているかをキチンと押さえる 26
抽象名詞 52
直接話法的手法 55, 138, 155
定冠詞 58, 127
提示 28, 30, 32, 38, 39, 45, 46, 48, 49, 56, 57, 67, 77, 78, 87, 91
提示—例証—結論 32, 45
動詞+名詞の形を用いる語法 81, 108
倒置 43, 110
動名詞 196

な行

内省 109
何と比較しているのか 39, 60
no+比較級+than の構文 57, 87

は行

背理法 182
パスティーシュ 189
発見 126, 133, 134, 140, 141
have+目的語+過去分詞の受身 78
パラグラフ 22
パロディー 189

パンクチュエイション・マーク 106
反対の同程度 57, 87
be+不定詞 122
比較(級) 39, 46, 47, 60, 63, 153
描出話法(Represented Speech) 19
非論理 190, 191
複数形 21, 87
不定代名詞 57
分詞構文 161
分詞構文が後から付け加えられた構文 38, 42
文章の形に読みほどいて理解する 20, 26
ペーソス 97, 102
方法・方向を表わす接尾語 24
ボブ・グリーン 97, 102, 126

ま行

前から順に読み下してゆく 191
無生物主語の構文 17, 25, 26, 40, 47, 62, 65, 103, 106, 158, 182, 186
may+完了形 60
名詞 20
名詞(句)を文章に読みほどく 20, 26, 38, 55, 58, 65, 84, 105, 135, 154
名詞読解の大原則 26
物を主語とした feel 122, 166

や行

ユーモア 109, 160

ら行

ラッセル・ベイカー 74, 147
理由を表わす接続詞 196
例証 22, 27-30, 32, 38, 43-45, 47-49, 57, 81, 84, 85, 91
論説(文) 13, 18, 38, 42, 43, 45, 48, 54, 57, 74, 88, 97, 102

英文語句索引

A

A is as...as B 131, 153
A without B 191
accounts for 53, 65
along with 52, 72
along the way 99, 106
and all 165
and yet 107
another 18
any number of 99, 178, 193
anybody who 86
as 25, 128
as eagerly as 153
as such 52
ask A of B 62
assortment of 150
at first 124
at my insistence 159
at work 21

B

back...into the corner 73
Baker, Rusell 74, 147
be 122, 177, 183
be going to 190
before 165
behooves 71, 77
better part 72
bothered to 101
bull-session 52
but 72

by-product 52

C

called for 99
catering to 149
class 99, 107
come out for 36, 39
comes up 98
Conestoga wagon 70
coping with 176

D

different...than 64
drew a complete blank 123

E

earthly 176, 181
enough to live by 61
even if 110
every long day 28

F

fail to 41, 178
felt 122
Fleet Street 148
flew in 122, 128
followed by 188
for 100, 156

G

generally 53
George III 179

get to 178
getting hold of 36
get-up 149
go ahead with 14
gone flat 71
got going 72
Greene, Bob 97, 102, 126

H

had found...loking for 102
had some popeople in 72
haberdashery-wise 149
Harris, J. Sydney 13, 38, 54
have the pull to make trouble 110
have to 124
having been taken 26
he would 23
heading 98
held together 52
Her Majesty 148
His Grace 148
how many...do you think 54

I

I'll bet 73
I suspect 16
I wouldn't be surprised if 82
if 110, 154
in attendance 122
in fact 41, 76
in recognition 123, 133
in the world 178
in their personhood 15
in-jokes 123
including 42
indeed 41, 76

indulging in 73
insistently 148
instill A with B 100
-ish 192
It behooves 71, 77
It felt...wonderful 166
It is these who 45
it was...that 130

K

kick the habit 73
Knight of the Garter 150

L

largely 36, 41
leg 98, 104
likewise 24
logbook 100
long-haul 100
look...in the eye 15, 73

M

being made a sucker of 14, 20
make a fresh count of 108
make a confession 81
makes life harder 16
may 60

N

native 24
never 124
nine-times table 176
no better than 87
no matter 155
no more...than 23
no older than 57
not a part of it 128

not a bit better than   87
not...a penny   23

O

oddly   100
of necessity   123
once   200
out   99
over   122

P

pang of guilt   71
part of   77, 86, 112
presto!   177
proceeding with   179, 198
pull...into   99

R

rarely   57
readily   37
right now   86, 178
rip-off   15
roar with glee   123
rode past   37
rubbed along   53

S

scrape up   178
sensibly   73
settle for   53
short of   53
should   57, 161, 183
show of hands   177
since   196
small-time crook   36
solely   178
sorely   179

statistically   36
strikes   72, 98, 102
such and such   14, 19

T

takes a grip on   125
tax revolt   71
The Chicago Sun Times   13
The New York Times   74
the American Revolution   178
the bar   44
the better part   85
the big name   100
the Commonwealth   149
the Constitution   70, 76
the Declaration of Independence   179
the time that...   129
then   79
this and such   14, 19
timed his schedule   105
to hell with   178
toll booth   101
took off   72
treading on   179
tribal costumes   148

U

unless   191
unspoken rule   125
up   100

V

virtually   122

W

was hearing   137

wastelands 70
-ways 24
we never knew 125, 140
what it is 76
what it was to be 160
What's the idea 89
which I think it should be 65
who 184
will 40, 46

-wise 24
without 191
work on 178
work force 100, 124
worked up 85

Y

youngish 192

本書は一九九五年九月二十日、筑摩書房より刊行された。

英文読解術

二〇〇七年六月十日　第一刷発行
二〇二一年三月十五日　第五刷発行

著　者　安西徹雄（あんざい・てつお）
発行者　喜入冬子
発行所　株式会社筑摩書房
　　　　東京都台東区蔵前二-五-三　〒一一一-八七五五
　　　　電話番号　〇三-五六八七-二六〇一（代表）
装幀者　安野光雅
印刷所　三松堂印刷株式会社
製本所　三松堂印刷株式会社

乱丁・落丁本の場合は、送料小社負担でお取り替えいたします。
本書をコピー、スキャニング等の方法により無許諾で複製する
ことは、法令に規定された場合を除いて禁止されています。請
負業者等の第三者によるデジタル化は一切認められていません
ので、ご注意ください。乱丁・落丁本の場合は、左記宛にご送
付下さい。
© SHIN-ICHI ANZAI 2008 Printed in Japan
ISBN978-4-480-09068-3 C0182